PROGRAMME

DU

COURS DE DROIT ROMAIN

Introduction — Personnes — Droits réels

Successions — Actions

PAR

ERNEST DUBOIS

PROFESSEUR A LA FACULTÉ DE DROIT DE NANCY

PARIS

COTILLON, LIBRAIRE-ÉDITEUR

24, Rue Soufflot, 24

1877

PROGRAMME

DU

COURS DE DROIT ROMAIN

Introduction — Personnes — Droits réels

Successions — Actions

PAR

ERNEST DUBOIS

PROFESSEUR A LA FACULTÉ DE DROIT DE NANCY

PARIS

COTILLON, LIBRAIRE-ÉDITEUR

24, Rue Soufflot, 24

1877

DU MÊME AUTEUR :

De la condition légale des femmes, sous le rapport du Sénatus-consulte Velléien, en droit romain, et de l'incapacité de la femme mariée en droit français. Paris, Firmin Didot, 1860 (Épuisé).

Leçon d'ouverture du cours de droit romain. Paris, Durand, 1867.   1 fr.

Programme du cours de droit romain (Obligations). Paris, Cotillon, 1871 . . . .   1 fr.

Leçon d'ouverture du cours de droit civil approfondi dans ses rapports avec l'enregistrement, suivie d'une Bibliographie raisonnée de l'enregistrement. Paris, Cotillon et Delamotte, 1876 . . . .   2 fr.

Des droits du locataire qui a élevé des constructions sur le terrain loué. Paris, Marescq, 1862 . . . .   1 fr. 50

Réforme et liberté de l'enseignement supérieur en général et de l'enseignement du droit en particulier. Paris, Cotillon, 1871 . . . . .   2 fr.

La Table de Cles, inscription de l'an 46 portant un édit de Claude sur le droit de cité romaine concédé à trois peuples des environs de Trente. Paris, Thorin, 1872 . . . .   1 fr. 50

Guillaume Barclay, jurisconsulte écossais (1566-1608), professeur à Pont-à-Mousson et à Angers, d'après des documents inédits. Paris, Cotillon, 1873 . . . .   2 fr.

Bibliographie juridique italienne, nᵒˢ I-VI, 1869-1874 ; un nᵒ 30 c. Les 6 . . . .   2 fr.

Revue de la jurisprudence italienne en matière de droit international privé (nᵒˢ I-XII), et Bulletins (I-III) de la jurisprudence italienne en matière civile et commerciale. 1875-1877 . . . .   2 fr.

Le Contentieux administratif en Italie et la loi du 20 mars 1865, avec des propositions de transformation de la justice administrative en France. Paris, Cotillon, 1873 . . . .   3 fr.

La Faillite dans le droit international privé. Mémoire de M. Gius, Carle, professeur de l'Université de Turin, couronné par l'Académie des sciences morales et politiques de Naples ; traduit et annoté, avec une analyse de la jurisprudence française et plusieurs autres additions. Paris, Marescq, 1875 . . . .   4 fr.

NANCY, IMPRIMERIE NANCÉIENNE, 1, RUE DE LA PÉPINIÈRE.

Je publiai, il y a six ans, le programme de mon cours de droit romain sur les *Obligations* (Paris, Cotillon, 1871, 24 p. in-8°). Si je n'ai pas donné en même temps le programme des autres parties du cours, c'est que le moment semblait alors approcher d'une modification aux règlements universitaires. Cette modification m'aurait conduit à changer le programme de mon cours. Elle devait consister à rendre au professeur de droit romain une liberté précieuse, dont il se trouve aujourd'hui privé, ainsi que le professeur de Code civil, mais dont jouissent les autres professeurs des Facultés de droit, c'est à savoir la liberté de distribuer les diverses parties de son enseignement dans l'ordre qui lui paraît le meilleur. Je me proposais d'user de cette liberté, par exemple, de traiter la matière des *Obligations* avant celle des *Successions*.

La réforme de cette partie de notre législation universitaire a, depuis longtemps, fait l'objet de demandes et de propositions de toute nature, individuelles et collectives, privées et officielles. Pour la demander, se sont trouvées d'accord des personnes qui ont, sur d'autres questions relatives à l'enseignement du droit, les opinions les plus différentes. Toutefois le changement n'a pas encore eu lieu. Sans désespérer de le voir un jour accompli, et tout en renouvelant ici les vœux que j'ai exprimés en toute occasion pour qu'il soit fait aussi promptement que possible, je renonce à différer davantage la publication interrompue du programme de mon cours.

Je cède, en le publiant aujourd'hui, aux instances réitérées de mes chers élèves. Oserai-je ajouter que je les remercie des instances qu'ils m'ont faites? Tous ceux qui ont enseigné savent que c'est dans l'attention des élèves, dans leur désir d'apprendre, dans l'estime dont ils font preuve pour les leçons qui leur sont données, que se trouvent le plus vif stimulant comme la plus douce récompense du professeur.

Nancy, le 10 juin 1877.

PROGRAMME

DU

COURS DE DROIT ROMAIN

COURS DE PREMIÈRE ANNÉE

LEÇON D'OUVERTURE

I. Notion du droit en général. — 1° Du droit, dans le sens de *faculté* appartenant à une personne ; corrélation nécessaire du *droit* pris en ce sens avec le *devoir*.

2° Du droit dans le sens de collection ou ensemble de *règles* de la conduite de l'homme. — Idée de la mission du législateur et de celle du jurisconsulte.

a) Du législateur. En quel sens le législateur est souverain ; en quel sens il n'est pas souverain. Premier aperçu de la distinction du droit naturel et du droit positif.

b) Du jurisconsulte. Application au droit de la différence qui existe entre la science et l'art. — 1) De la science du jurisconsulte. Éléments de cette science : 1° texte de la loi ; 2° esprit de la loi ; 3° précédents ou histoire du droit ; 4° connaissances nécessaires pour apprécier la loi. Second aperçu de la distinction entre le droit positif et le droit naturel ou philosophie du droit. Des deux sciences régulatrices du droit : la morale, au point de vue du juste, l'économie politique, à celui de l'utile. Nécessité d'approprier les lois aux besoins des peuples, selon le degré de leur civilisation. Raison de la diversité et de la transformation indéfinie des législations positives.

2) De l'art du jurisconsulte, ou de l'application du droit aux

faits. Comment l'art du jurisconsulte est distinct des règles du droit à propos desquelles il s'exerce ; comment il est indépendant de la valeur absolue ou scientifique de ces règles. Qualités qui font le jurisconsulte.

II. Notion du droit romain. — Ce qu'est le droit romain et pourquoi il occupe encore, en France, une aussi grande place dans l'enseignement du droit, bien qu'il n'y soit plus en vigueur. 1) Raison tirée de l'histoire du droit français et des traces nombreuses que le droit romain a laissées dans les lois françaises actuelles. 2) Raison plus importante, de nature à justifier l'étude du droit romain, même dans les pays où ce droit ne serait directement l'origine d'aucune règle juridique. Cette raison se tire de l'art des jurisconsultes romains, abstraction faite de la valeur scientifique des principes du droit romain. Comment ces jurisconsultes ont excellé dans l'application du droit aux faits. Pourquoi l'étude du droit romain a été et doit être considérée comme le meilleur moyen d'acquérir et de développer les qualités du jurisconsulte dans tous les temps et dans tous les lieux (1). Véritable *utilité pratique du droit romain*. Pourquoi cette utilité a été quelquefois méconnue ; comment l'abus qui a été fait du droit romain a pu donner une apparence de raison à ses détracteurs.

III. Des controverses dans le droit en général et dans le droit romain en particulier. — Comment et pourquoi il y en a toujours eu et il y en aura toujours. Aperçu de la différence qui sépare les sciences morales des autres sciences : genre de certitude que comportent les premières. — Notion des controverses qui sont propres au droit romain.

IV. Division du cours en six parties : I. Introduction ; II. Etat des personnes ; III. Droits réels ; IV. Successions ; V. Obligations ; VI. Actions.

(1) On sait que, loin d'être abandonnée dans les pays où elle a toujours été cultivée, l'étude du droit romain obtient une place chaque jour plus grande dans les programmes d'enseignement et même d'examens chez les nations où, jusqu'à présent, on s'en était le moins occupé, par exemple, en Angleterre et en Suède.

I. — INTRODUCTION

I. Notions préliminaires. — Nécessité d'un langage juridique précis et rigoureux. Importance et difficulté des définitions. Divers sens des mots : droit, en français, *jus*, en latin ; loi ; législation ; jurisprudence ; justice. Notion de l'équité.

II. Grandes divisions ou branches du droit. — Première grande division : *droit naturel* et *droit positif*. Notion du droit naturel, c'est-à-dire du droit conçu par la raison. Avantages et inconvénients des mots *droit naturel*, et des autres expressions par lesquelles on a essayé d'exprimer la même idée (droit philosophique, rationnel, social, idéal, etc...) — Examen sommaire des questions de savoir : 1° si la notion du droit naturel est moderne ; 2° si le droit naturel est variable ou invariable. — Ce qui distingue précisément le droit naturel du droit positif et de la morale : *a*) la raison admet qu'il y a lieu à contrainte extérieure ou emploi de la force publique — droit naturel ; *b*) cette contrainte est effectivement possible et organisée — droit positif ; *c*) elle n'est pas admise par la raison — morale. En quel sens les devoirs de pure morale peuvent être dits imparfaits. — Comparaison de la morale à un grand cercle qui en renferme un autre, le droit.

Seconde grande division : *Droit écrit* et *droit non écrit*. Vrai sens de ces mots. Pourquoi ils ne doivent pas être pris dans leur sens littéral ; comment la circonstance d'une écriture quelconque est, sous ce rapport, indifférente. Diversité dans le mode de formation du droit positif, selon qu'il fait l'objet d'une promulgation officielle (droit écrit) ou qu'il est simplement coutumier (droit non écrit). — Autre sens des mots *droit écrit* pris pour désigner le droit romain suivi en France avant 1789, par opposition au droit dit *coutumier* malgré sa promulgation officielle.

Troisième grande division : *droit public* et *droit privé* ; *a*) Notion du droit public : sa subdivision en 1) droit constitutionnel ou politique ; 2) droit administratif ; 3) droit ecclésias-

tique (différence entre le droit ecclésiastique et le droit cano-
nique) ; 4) droit criminel. — *b*) Notion du droit privé et sa
subdivision en droit civil (*hoc sensu*) et droit commercial. —
Pourquoi le droit privé des Romains est étudié et enseigné
plus que ne l'est leur droit public.

Quatrième grande division : *droit civil* (hoc sensu) et *droit
des gens* (hoc sensu). Vrai sens de cette division. Comment
elle est fondée sur la nationalité des personnes auxquelles le
droit est applicable : droit civil, applicable seulement aux na-
tionaux ; droit des gens applicable à toute personne, quelle que
soit sa nationalité. Comment s'explique l'erreur qui consiste à
définir le droit civil « celui qui est en vigueur chez tel peuple
en particulier », et le droit des gens « celui qui est observé
chez tous les peuples. » — Diverses acceptions des mots *jus
civile* à Rome et *droit civil* en France, selon les termes aux-
quels on les oppose.

Cinquième grande division : *droit interne* et *droit international* ou *droit des gens* (hoc sensu). Comment cette division
se tire de la différence des relations que le droit a pour objet
de régler. Pourquoi l'expression *droit international* est pré-
férable à celle de *droit des gens*, pour rendre l'idée de l'un
des membres de cette division. Comment le droit international
a été quelquefois confondu avec le droit naturel. Sa subdivision
en droit international public et droit international privé.

Sixième grande division : droit *déterminateur* et droit *sanctionnateur*, ou, en d'autres termes, droit *théorique* et droit
pratique. Idée que l'on a essayé de rendre à l'aide de ces
expressions.

III. Notions générales sur les sources du droit romain
et de son histoire. — Division de ces sources en quatre classes. *I. Compilations*. Principale source, par son abondance.
Première notion des divers *codes* de droit romain et du *Digeste*.

II. Sources pures. 1) Écrits originaux de jurisconsultes romains ; spécialement, des Instituts de Gaius ; leur découverte
à Vérone, en 1816.

2) Autres monuments originaux de l'antiquité, médailles.

inscriptions, etc... De l'archéologie, de la numismatique et spécialement de l'épigraphie, dans leurs rapports avec le droit romain. De quelques-unes des inscriptions les plus intéressantes pour l'histoire de ce droit : *a*) inscriptions latines : table d'Héraclée, tables de Malaga et de Salpensa, bronzes d'Osuna, *Turiæ laudatio,* etc... *b*) inscriptions grecques : sénatus-consulte de Thisbé, etc.... — Aperçu de ce qui a déjà été fait pour tirer des inscriptions les lumières qu'elles renferment sur les diverses parties du droit romain : progrès qui restent à accomplir dans l'épigraphie juridique.

III. Sources restituées. De la restitution ou recomposition des textes anciens parvenus par fragments. Des principales lois dont on a tenté la restitution : loi des 12 tables; loi **Papia Poppœa,** etc.....

IV. Sources indirectes. Sources de l'histoire générale et spécialement des écrits d'auteurs anciens autres que les jurisconsultes.

IV. Histoire externe du droit romain. — Ce que l'on entend par histoire *externe* opposée à l'histoire *interne* du droit. Exemples de l'une et de l'autre : 1) Qu'a-t-il fallu aux diverses époques de l'histoire de Rome pour qu'un principe y devînt une règle de droit positif? Quelles différences séparent le plébiscite de la loi et du sénatus-consulte, et parmi les lois la *lex centuriata* de la *lex curiata?* Questions d'histoire externe. — 2) Quelles ont été à Rome les modifications successives de la puissance paternelle, de la dot, des legs, des successions ab intestat? Questions d'histoire interne. — Comment l'histoire dite externe n'est au fond que celle de l'organisation du pouvoir législatif, c'est-à-dire en réalité un des chapitres de l'histoire interne du droit constitutionnel.

Division de l'histoire externe du droit romain en quatre époques : leur comparaison avec les quatre âges de la vie de l'homme.

1re époque : depuis les origines jusqu'à la loi des 12 tables. Obscurité des premiers temps de Rome : ce que l'on peut considérer comme le plus probable relativement à ses origines.

Les deux sources du droit à cette époque. 1) Coutume ; 2) *lex*; d'abord *curiata*, puis *centuriata*. Importance et caractère de la réforme de Servius Tullius : division en classes et en centuries. Organisation et attributions successives des trois espèces de comices, 1) par curies (aristocratie de naissance); 2) par centuries (aristocratie de fortune); 3) par tribus (influence du nombre). Histoire sommaire de la loi des 12 tables.

2ᵉ époque : des 12 tables à Auguste. Continuation de la lutte des patriciens et des plébéiens. Esprit qui a présidé à la création successive des magistratures par voie de distraction d'attributions. Les quatre sources du droit de cette époque : 1) coutume; comment les édits des magistrats et les réponses des prudents sont, à cette époque, une partie du droit coutumier; 2) loi; 3) plébiscite; 4) sénatus-consulte.

3ᵉ époque : d'Auguste à Constantin. Comment s'opéra la transition de la république à l'empire. Les sept sources du droit à cette époque : 1) coutume ; 2) loi; 3) plébiscite; 4) sénatus-consulte; 5) constitutions; diverses espèces de constitutions impériales : édits, rescrits, décrets, etc... 6) édits des magistrats; 7) réponses des prudents. Comment les deux dernières sources passèrent alors de la sphère du droit non écrit ou coutumier dans celle du droit écrit ou officiellement promulgué. Obscurités et controverses relatives : 1º à l'édit du préteur Julien sous le règne d'Adrien; 2º au *jus publice respondendi* et à la *permissio jura condendi*.

4ᵉ époque : De Constantin à Justinien. Influence qu'ont exercée sur le droit la translation de la capitale de l'empire et l'adoption du christianisme par les empereurs. Les deux sources du droit de cette époque : 1) coutume; controverse sur son double rôle de création et d'abrogation du droit ; 2) constitutions impériales. Distinction du *jus* (*hoc sensu*) et des *leges* (*hoc sensu*). Loi des citations. Code Théodosien. — Travaux législatifs de Justinien : 1º Code; 2º *L decisiones* ; 3º Digeste ou Pandectes ; 4º Institutes ; 5º Novelles. Jugement sur Justinien considéré *a*) comme législateur ; *b*) comme auteur des grandes compilations officielles du droit romain.

V. Histoire littéraire du droit romain. — 1re époque : Avant les 12 tables. *Jus papirianum.*

2e époque : Des 12 tables à la mort de Cicéron. *Jus flavianum. Jus œlianum.* Commencements de l'enseignement public, mais non officiel, du droit.

3e époque : De la mort de Cicéron à celle d'Alexandre Sévère. Pourquoi cette époque est appelée l'*époque classique* du droit romain. Genre d'écrits, méthode et qualités des grands jurisconsultes de Rome. Notions sur les deux écoles de jurisconsultes, Sabiniens et Proculiens. Liste chronologique des plus célèbres jurisconsultes romains.

4e époque : De la mort d'Alexandre Sévère à Justinien. Comment la décadence qui se produisit alors dans l'art du législateur et du jurisconsulte peut se concilier avec le progrès qui se fit sous plusieurs rapports dans le fond du droit. Collections privées d'auteurs anonymes ou incertains : Codes Grégorien et Hermogénien ; fragments du Vatican ; *collatio legum mosaïcarum et romanarum.*

VI. Destinées et culture du droit romain après Justinien. — A. Orient. Divers travaux grecs (commentaires, paraphrases, abrégés) sur les compilations de Justinien : Théophile, Stéphane, Julien, etc. — Refonte de toutes les collections justiniennes en une seule : les Basiliques. — Synopsis major ; synopsis minor. — Manuel d'Harménopule.

B. **Occident.** 1) *Leges romanæ Barbarorum :* Edit de Théodoric ; Bréviaire d'Alaric ; Papien. — Notions sommaires : 1° Sur la règle générale de la personnalité des lois au moyen âge ; 2° sur les différences fondamentales qui distinguent alors le droit romain du droit germanique ; 3° sur la lutte qui se produisit entre ces deux droits et sur les résultats divers de cette lutte selon les pays.

2) En quel sens il y eut à Bologne au douzième siècle une renaissance du droit romain. Comment par suite de cette renaissance la législation de Justinien obtint dans le monde une obéissance volontaire, de beaucoup supérieure à celle qui résulta de la promulgation officielle qu'en fit son auteur.

3) Aperçu des plus fameuses écoles de romanistes de l'Occident : — *a*) Selon les pays : Ecoles italiennes, Glossateurs et Bartolistes ; Ecoles françaises ; Ecole espagnole ; Ecole hollandaise ; Ecoles allemandes. — *b*) Selon les méthodes : Ecole exégétique ; Ecole scholastique ; diverses écoles historiques (Cujas ; — Savigny, etc...) ; Ecole dogmatique ; Ecole philosophique ; Ecole éclectique.

VII. Partie générale de l'histoire interne du droit privé des Romains. — 1) *Notions sommaires sur l'histoire universelle du droit.* Comment le droit, considéré dans son histoire générale chez tous les peuples, varie selon le degré de civilisation, plutôt que selon la différence des races. Preuves tirées de la ressemblance du droit aux époques et sous les latitudes les plus diverses parmi les peuples appartenant aux races les plus différentes. Notion sommaire du droit à l'époque dite patriarcale et aux époques antérieures à l'état patriarcal. Conjectures qu'il est permis de faire sur le droit primitif.

2) *Des moyens par lesquels se font les changements du droit positif.* — *a*) Moyens indirects et déguisés ; rôle des fictions ; rôle de l'équité. — *b*) Moyens directs et avoués ; lois dans le sens propre et restreint du mot.

3) *Aperçu des rapports du droit romain avec le droit primitif et avec le droit actuel.* — Transition que forme le droit romain entre le droit de l'époque patriarcale et le droit de nos jours. Comment le droit romain, malgré la fondation relativement récente de Rome, peut faire connaître le droit d'époques beaucoup plus anciennes : comment il jette de la lumière sur le droit des autres peuples de race dite aryenne, et comment il en reçoit à son tour.

4) *Coup d'œil sur l'ensemble du droit privé.* — Grandes divisions du droit privé. — *a*) Des droits relatifs à l'état des personnes ; droits de liberté, de cité et de famille, droits hors du patrimoine. — *b*) Des droits qui constituent le patrimoine : 1° droits réels ; 2° droits de créance. — *c*) Des moyens de faire valoir ses droits : 1° exercice extrajudiciaire des droits :

2° poursuite en justice ; moyens d'attaque, actions ; moyens de défense directs ou indirects, exceptions.

5) *Caractères généraux du droit privé des Romains.* — 1° Formalisme des premiers temps de Rome ; sa raison d'être ; comment il n'est nullement propre au droit romain. Confusion de la religion, de la morale et du droit, à certains âges de l'histoire des peuples.

2° Caractères distinctifs et originaux du droit romain. En quel sens les Romains peuvent-ils être considérés comme les fondateurs de la science du droit. Notion du droit strict ; services qu'elle a rendus ; séparation du droit proprement dit d'avec la religion, d'une part, et la morale, de l'autre. Comment cette séparation a pu être maintenue, malgré l'introduction successive et toujours plus grande de l'équité dans le droit proprement dit.

3° Esprit conservateur du droit romain. Comment la loi des 12 tables resta pendant plusieurs siècles la base de tout le droit romain. Importance de la réforme opérée par les 12 tables. Ce que signifie l'espèce d'égalité de droit que la loi des 12 tables établit entre les patriciens et les plébéiens : si l'on peut y voir une extension du droit des patriciens (droit de l'époque patriarcale) au profit des plébéiens qui, jusque là, auraient été régis par le droit plus grossier d'époques antérieures.

4° Comment les progrès s'accomplirent dans le droit romain, malgré l'esprit de conservation dont il vient d'être parlé. Rôle et influence du *préteur romain.* Comment l'existence du droit prétorien à côté du droit civil est un des traits originaux du droit romain. Comment le droit prétorien ne se confond ni avec le droit des gens, ni avec le droit naturel. Notion générale des divers moyens dont se servit le préteur pour transformer le droit. Idée sommaire des principales institutions prétoriennes : 1) relativement à l'état des personnes ; 2) en matière de possession ; 3) en ce qui concerne les droits réels (*in bonis habere*, hypothèque) ; 4) dans le droit successoral (*bonorum possessio*) ; 5) dans les obligations ; 6) dans la poursuite en justice des droits : actions et exceptions prétoriennes, interdits, *in integrum restitutiones*.

Transition à la *partie spéciale* de l'histoire interne du droit privé des Romains.

II. — ÉTAT DES PERSONNES

Notions préliminaires et générales sur l'état des personnes et sur les droits qui s'y rattachent, droits hors du patrimoine, c'est-à-dire non appréciables en argent.

I. — État de liberté (*Status libertatis*)

Première division des personnes : LIBRES ET ESCLAVES. — Définition de la liberté juridique et de l'esclavage . Des esclaves. 1) Par quelles causes on est esclave ; 2) condition des esclaves, à la fois personnes et choses ; différences de fait ou de droit entre les esclaves ; 3) comment on cesse d'être esclave; du postliminium.

Appendice à l'esclavage : Du colonat. Divers sens du mot *colonus*. Controverses sur l'origine du colonat ; erreur des systèmes qui lui attribuent une seule origine ; diversité d'origine, et, par suite, diversité de condition juridique des *coloni*. Traits généraux du colonat ; sa comparaison avec l'esclavage, le servage et divers autres états de sujétion et de dépendance des personnes.

Seconde division des personnes (subdivision des personnes libres) : INGÉNUS ET AFFRANCHIS. Différence entre l'affranchi *manumissus* et l'affranchi *sine manumissione*. — Différence entre le *libertinus* et le *libertus* : condition de l'un et de l'autre. Des divers modes d'affranchissement (*manumissio*), de leurs effets et des différentes classes d'affranchis : 1re époque, antérieure aux lois Junia Norbana et Ælia Sentia. Simplicité et rigueur du droit civil ; intervention du préteur. — 2e époque : Lois Junia Norbana et Ælia Sentia. Adoucissement à certains égards, réaction et rigueurs nouvelles sous d'autres rapports. Les trois classes d'affranchis : citoyens romains, latins juniens et pérégrins déditices. — 3ᵉ époque : Droit de Justinien ; faveur des affranchissements. — De l'affranchissement sous condition ou à terme : du *statu liber*.

Appendice à l'affranchissement : de la clientèle. Divers sens des mots *patron* et *client*. Comparaison de la clientèle et de la vassalité.

II. — Etat de cité (*hoc sensu*). — (*Status civitatis*)

I. De la *civitas romana*. 1) Droits qu'elle confère. 2) Comment elle s'acquiert : *a*) par la naissance ; *b*) par concession individuelle ou collective, complète ou partielle. 3) Comment elle se perd.

II. Des *non cives*. 1) Des Latins ; des diverses classes de Latins, *veteres, coloniarii*, juniens. Extension de la latinité, devenue une condition juridique des personnes hors de l'Italie, par exemple, en Espagne. 2) Des pérégrins, *socii, provinciales, dediticii*. 3) Des Barbares.

III. — Etat de famille (*Status familiæ*)

I. Notions préliminaires et générales. Différences essentielles dans l'organisation de la famille, selon les divers âges de l'histoire du droit. Notion : 1° de la parenté par les femmes seules ; 2° de la parenté par les hommes seuls ; agnation, lien de puissance et de culte ; 3° de la parenté *ex utroque latere*, cognation; parenté du droit actuel des peuples civilisés.

II. En quoi la puissance paternelle romaine et, en général, toute l'organisation de la famille romaine ressemblent à celles que l'on trouve dans le droit des autres peuples ; en quoi elles offrent quelque chose de particulier. En quel sens elles ont à Rome duré plus longtemps qu'ailleurs : comment elles y ont conservé davantage de leurs anciens caractères, malgré des changements de civilisation qui, chez d'autres peuples, en ont plus rapidement amené la disparition.

III. Divers sens du mot *familia*. — Diverses espèces de *liberi : justi, naturales, spurii*.

Troisième division des personnes : *Sui juris* et *alieni juris.* Vrai sens du mot *paterfamilias.*

Subdivision des *alieni juris.* Des quatre classes de personnes *alieni juris*, ou des quatre espèces de *puissances* :

I. — Esclaves. *Dominica potestas* (V. supra, à la première division des personnes.)

II. — Fils et filles de famille. *Patria potestas.*

La puissance paternelle est *juris civilis* ; vraie signification de ce principe. — Caractère religieux non moins que civil de cette puissance : Ce que signifie *in sacris poni*, même sous les empereurs chrétiens.

A. — Sources de la puissance paternelle.

Première source : Mariage (*Justæ nuptiæ*). — 1) Conditions de validité ; 2) sanction des règles sur les empêchements au mariage ; 3) comment se forme le mariage en droit romain : état de fait qui commence lors de la prise de possession d'état de femme mariée ; 4) preuve du mariage ; 5) ses effets : *a*) quant à la personne des époux ; *b*) quant à leurs biens (idée et renvoi) ; *c*) quant à la personne des enfants ; 5) dissolution du mariage et spécialement du divorce ; 6) des secondes noces.

Appendice : I. Des fiançailles (*sponsalia*) ; conditions de validité ; effets ; rupture. — II. Du mariage *sine connubio* ou du droit des gens. — III. Des unions autres que le mariage et spécialement du concubinat et des *liberi naturales (hoc sensu).*

Seconde source : Adoption. — Importance capitale de l'adoption comme moyen de transformation du droit de l'époque patriarcale. — I. De l'adoption des *sui juris* ou adrogation. Raison de la forme législative de cette espèce d'adoption et du maintien des comices par curies pour y procéder. — Règles spéciales à l'adrogation des impubères ; idée de la quarte Antonine (*quarta divi Pii*). — II. De l'adoption des *alieni juris* ou adoption proprement dite. Comment, à défaut d'une forme propre à cette espèce d'adoption, on recourut pour l'opérer à des moyens détournés : comment s'explique ainsi l'emploi d'une ou plusieurs mancipations et affranchissements, d'une remancipation et d'une *in jure cessio*. — Raison et portée des changements introduits par Justinien dans les effets de l'adoption : distinction de l'*adoptio plena* et *minus plena*.

Troisième source : LÉGITIMATION. — Ce qui en tenait lieu à l'époque classique : 1) De la *causæ probatio* ; 2) de l'*erroris causæ probatio*. — Légitimation : 1) par mariage subséquent ; 2) par oblation à la curie ; 3) par rescrit ; 4) par testament.

B. — EFFETS DE LA PUISSANCE PATERNELLE.

I. Pouvoir du *paterfamilias* sur la personne des enfants *in potestate* : rigueur primitive ; adoucissements successifs.

II. Pouvoir sur les biens : première notion des divers pécules.

C. — COMMENT CESSE LA PUISSANCE PATERNELLE.

Huit causes diverses de cessation, dont les unes laissent subsister l'agnation et les autres entraînent la rupture de l'agnation. — Différence entre l'émancipation du droit romain et celle du droit français : raison des formes anciennes de l'émancipation ; à quel moment précis s'opère la rupture des liens d'agnation de l'émancipé.

III. — Femmes *in manu*.

Différence entre la *manus* et la puissance maritale du droit français. — Distinction entre la *manus* et le mariage. — I. De la *manus* du mari : 1) Comment elle s'acquiert, *usu, farreo, coemptione*; 2) ses effets ; 3) sa cessation. — II. De la *manus extranei*. — III. Du mariage sans *manus*.

IV. — Personnes *in mancipio*.

Divers sens du mot *mancipium*. — I. Du *mancipium* réel : sa comparaison avec l'esclavage et avec la condition du *nexus*, de l'*addictus* et du *redemptus*. — II. Du *mancipium* fictif : son rôle dans les formes de l'adoption et de l'émancipation.

2

Subdivision des personnes *sui juris* ; trois classes de ces personnes : 1) en tutelle, 2) en curatelle, 3) *quæ neutro jure tenentur.*

I. — Tutelle.

Définition et espèces.

A. — Tutelle des impubères.

I. Délation : 1) testamentaire, 2) légitime, 3) fiduciaire. 4) par le magistrat.

II. Fonctions du tuteur. Différence entre l'administration du tuteur et son *auctoritas.* Cas où il y a lieu, soit à l'une, soit à l'autre, au choix du tuteur. Cas où l'une des deux est seule possible. — Vrai sens des deux principes : 1° que le pupille peut rendre sa condition meilleure sans l'*auctoritas tutoris ;* 2° qu'il ne peut la rendre pire sans cette *auctoritas ;* comment l'application de ces deux principes aux contrats synallagmatiques conduit, non pas à une iniquité au préjudice des tiers et en faveur du pupille, mais seulement à une inégalité; en quoi consiste cette inégalité, ou du choix que peut faire le pupille entre l'exécution ou la non exécution du contrat, mais sans pouvoir le scinder.

III. Cessation de la tutelle.

Appendice : de la garde de la personne et de l'éducation des impubères en tutelle.

B. — Tutelle perpétuelle des femmes.

Comment cette espèce de tutelle se rattache à l'organisation de la famille dans le droit de l'époque patriarcale. Sa comparaison avec la tutelle des impubères : ses ressemblances, ses différences (*tutoris optio ; tutor cessisius*); fonctions du tuteur. — Affaiblissement de cette tutelle : sa suppression partielle (tutelle légitime des agnats sous Claude), sa disparition complète.

II. — Curatelle.

I. Curatelle des fous, des prodigues et de ceux qui leur sont assimilés. Différence entre le *furiosus* et le *mente captus*. De l'interdiction du prodigue : pourquoi d'après la loi des 12 tables on interdisait seulement les prodigues des *bona paterna ab intestato* ; changements qu'apporta le préteur.

II. Curatelle des pupilles.

III. Curatelle des mineurs de 25 ans. Diverses époques à considérer dans l'histoire de la condition juridique des mineurs de 25 ans : 1re époque, avant la loi Plœtoria ; 2e époque, loi Plœtoria ; 3e époque, *restitutio in integrum* ; 4e époque, Marc-Aurèle ; 5e époque, Dioclétien. Fonctions des curateurs des mineurs. — De la *venia œtatis*.

III. — Règles communes à la tutelle et à la curatelle.

I. Garanties : 1) Caution à fournir *(satisdatio)* par les tuteurs ou curateurs. 2) Inventaire. 3) Responsabilité subsidiaire des magistrats. 4) *Privilegium pupilli*. 5) Hypothèque légale.

II. Excuses : classification et énumération. Règles générales en matière d'excuse. — Différence entre l'excuse et le *jus nominandi potiorem*.

III. De l'exclusion et de la destitution des tuteurs ou curateurs ; du *crimen suspecti*.

DE LA CAPITIS DEMINUTIO

Notions de la *capitis deminutio* : disparition de la personnalité juridique, nonobstant la continuation de la personnalité naturelle. — Ses espèces : 1) de la *capitis deminutio maxima*, 2) *media*, 3) *minima* ; changement de famille civile ou rupture des liens d'agnation, abstraction faite de toute diminution dans la capacité du *capite minutus* ; ses effets, soit quant aux droits de famille, soit quant aux droits réels ou de créance. Tempéraments apportés à la rigueur des effets de la *capitis deminutio*.

Appendice : De l'*existimatio* et de l'infamie.

DES PERSONNES MORALES

Quatrième division des personnes : PERSONNES PHYSIQUES et PERSONNES MORALES.

Notion des personnes morales : ce qui les a fait créer; limites dans lesquelles l'existence leur est reconnue. Comment elles sont créées et supprimées. Énumération des principales personnes morales : 1) Réunion de personnes physiques : peuple, municipe, colonie, société, collége, corporation ouvrière ou industrielle. — 2) Dieux, temples, fondations, églises, etc... — 3) Hérédité jacente. — 4) Titre d'empereur.

III. — DROITS RÉELS

A. — Des droits réels en général.

I. NOTIONS PRÉLIMINAIRES. — 1) Du patrimoine, *universitas juris*, et des deux éléments qui le composent : droits réels et droits de créance. Pourquoi l'expression *droit de créance* doit être préférée à celle de *droit personnel*, pour désigner l'élément du patrimoine autre que le droit réel. En quel sens le droit réel est plus fort que le droit de créance. — 2) Comment la distinction des droits réels et des droits de créance existe en droit français et en général dans toute législation, aussi bien qu'en droit romain ; comment elle est cependant plus tranchée en droit romain qu'en droit français ; séparation plus profonde quant aux modes d'acquisition et d'extinction.

II. DIVISIONS DES CHOSES. — 1) Hors ou dans le patrimoine des particuliers; a) hors leur patrimoine : 1° choses communes; 2° choses publiques ; distinction entre le domaine public et le domaine privé de l'Etat; 3° choses appartenant à une personne morale, *res universitatis*; 4° choses qui ne sont à personne, *res nullius* ; divers sens des mots *res nullius*. b) Choses dans le patrimoine des particuliers, *res privatæ* ou *singulorum*. — 2) Choses dans le commerce ou hors du commerce. — 3) Choses *mancipi* ou *nec mancipi*. — 4) Choses mobilières ou immobilières. — 5) Choses qui se consomment ou non par le premier usage. — 6) Choses fongibles ou non : distinction entre ces deux dernières divisions, tirées l'une de la nature des choses, l'autre de l'intention des parties. — 7) Choses corporelles et incorporelles : comment cette division est fausse ; malentendus sur lesquels elle a été fondée et qu'elle a, à son tour, occasionnés ; vrai sens de cette division : comment *choses corporelles* signifie le droit de propriété (confusion de ce droit avec la chose qui en est l'objet), et *choses incorporelles*, tous les autres droits. Pourquoi l'expression *droits incorporels* doit être bannie du langage juridique.

III. Capacité d'acquérir les droits réels en général. — 1) Par et pour soi-même ; 2) par une personne en sa puissance ; 3) par une personne étrangère.

IV. Capacité d'aliéner. — 1) Du principe que tout propriétaire peut aliéner ; exceptions à ce principe ou des propriétaires qui ne peuvent aliéner. — 2) Du principe que le propriétaire seul peut aliéner. Des cas où, par exception, l'aliénation peut être faite par un autre que le propriétaire.

V. Possession. — 1) Raison d'en traiter avant de traiter de la propriété. — 2) Notion de la possession ; sa différence fondamentale avec la propriété et avec la détention. Enumération des diverses classes de possesseurs proprement dits et de détenteurs. — 3) Examen de la question de savoir si la possession est un droit ou un fait ; — puis, une fois admis, qu'elle est non un droit, mais un fait générateur de droit, examen de la question de savoir si le droit qu'elle engendre est réel ou de créance. — 4) Des choses susceptibles de possession ; influence qu'a exercée ici la distinction des choses en corporelles et incorporelles ; à quelles choses incorporelles la possession a été étendue. Notion de la *juris quasi-possessio* des servitudes ; à quelles choses incorporelles la possession est demeurée inapplicable. — 5) Des personnes et des divers rôles qu'elles peuvent remplir en matière de possession. — 6) Divers sens des mots *possessio* et *possessor*, employés soit seuls, soit avec d'autres. — 7) Acquisition de la possession : du *corpus* et de l'appréhension ; de l'*animus rem sibi habendi*. Spécialement de l'acquisition par un tiers; représentation admise en matière de possession. — 8) Perte de la possession : distinction selon que la possession est exercée par soi-même ou par un tiers. — 9) Effet de la possession : comment tous ses prétendus effets se réduisent à un seul, droit à une protection spéciale, *jus possessionis* : sa différence avec le *jus possidendi*. Voies de droit pour protéger la possession comme telle : interdits possessoires. Aperçu de la distinction du possessoire et du pétitoire. — 10) Les trois vices de la possession : Violence, clandestinité, précarité ; diverses acceptions du mot *précarité* en matière de possession. Comment les trois vices de la possession sont purement relatifs. — 11) Sur quoi est précisément fondée la protection accordée à la possession : divers systèmes à ce sujet.

B. — Des divers droits réels en particulier.

I. — Propriété.

I. Notions préliminaires. — 1) Caractères différents de la propriété selon le degré de civilisation et selon que la chose qui en fait l'objet est le sol lui-même ou une chose autre que le sol. Si la propriété du sol a d'abord été collective ou individuelle, soit à Rome, soit ailleurs. En quel sens et dans quelles limites, aux temps de la loi des 12 tables, la propriété du sol est reconnue comme individuelle, perpétuelle et transmissible.

II. Aperçu des principales théories émises pour justifier en raison le droit de propriété, et spécialement le droit de propriété individuelle.

III. Définition de la propriété; éléments qu'elle renferme : 1) *uti* (*jus possidendi*); 2) *frui*; 3) *abuti*, disposer ; 4) exclure les tiers.

IV. Diverses formes de la propriété. — *a*) De la propriété individuelle, supposée aussi simple, aussi complète et aussi efficace que possible, à tous les points de vue. — *b*) Des diverses variétés et complications qui peuvent se présenter relativement à la propriété individuelle : 1) De la propriété indivise ou copropriété (*hoc sensu*). Distinction de la part indivise ou intellectuelle et de la part divise ou matérielle. Différence essentielle entre la propriété indivise, mais individuelle, et la propriété collective non individuelle. — 2) De la propriété démembrée : notion des divers démembrements de la propriété admis en droit romain. — 3) Distinction entre la propriété civile (*dominium ex jure quiritium*) et la propriété prétorienne (*in bonis habere*). Comment cette distinction, longtemps inconnue à Rome et dont les derniers effets ne furent supprimés que par Justinien, a servi de transition entre le droit de l'époque patriarcale et le droit actuel des nations civilisées. — 4) Cas où est réservé le *nudum jus quiritium*; avantages qu'il confère. — 5) De l'espèce de droit de propriété sur les fonds provinciaux. Du *jus italicum*, condition des fonds et non des personnes. — 6) Comparaison sommaire des divers démembrements ou décompositions de la propriété reconnus en droit romain avec ceux qui l'ont été depuis, en particulier avec la distinction du domaine *direct* ou *éminent* et du domaine *utile*.

V. Restrictions de droit commun apportées au droit de propriété : 1) distances à observer pour les constructions et plantations ; pourquoi ces restrictions ne sont pas des servitudes. — 2) Expropriation pour cause d'utilité publique.

VI. Des manières d'acquérir la propriété. Classification : 1) modes originaires, modes dérivés, 2) à titre particulier, à titre universel, 3) du droit civil et du droit des gens, 4) à titre onéreux, à titre gratuit, 5) entre vifs, à cause de mort. Intérêt de ces diverses distinctions.

VII. Des manières d'acquérir la propriété à titre particulier :

1º Occupation : Chasse, pêche, etc., *occupatio bellica*.

2º Accession ou plus exactement des divers cas rangés sous ce nom : 1) alluvion et autres événements produits par des cours d'eau; 2) spécification ; 3) adjonction et incorporation ; 4) confusion et mélange ; 5) constructions ; 6) plantations ; 7) écriture et peinture ; 8) acquisition des fruits par les différentes personnes qui peuvent y avoir droit et spécialement par le possesseur de bonne foi; 9) trésor. — Examen des questions de savoir : (1 si, dans ces divers cas, il existe réellement un mode spécial d'acquisition de propriété ; (2 en admettant qu'il en existe un, si ce mode peut être appelé *accession;* (3 si les jurisconsultes romains l'ont reconnu, et s'ils ont employé pour le désigner le mot *accessio.* — De l'indemnité qui peut être due dans quelques-uns de ces cas; moyens par lesquels cette indemnité peut être obtenue.

3° MANCIPATION : Définition et description de la manci-cipation, espèce du genre *nexum.* Importance fondamentale de l'acte solennel *per æs et libram* dans toutes les parties de l'ancien droit romain. En quel sens la mancipation peut être appelée une vente imaginaire; sa différence avec la vente.

4° *In jure cessio :* espèce du genre *addictio.* Procès fictif; attribution de propriété par le magistrat.

5° *Adjudicatio :* attribution de propriété par le juge. Comment le juge peut en certains cas attribuer la propriété, au lieu de se borner à la reconnaître. Si le partage est vraiment translatif de propriété ou simplement déclaratif.

6° LoI : legs (avec des distinctions); *caducum; ereptorium.*

7° TRADITION : 1 Notion et définition : rappel de la différence entre la propriété, la possession et la détention. Comment la tradition est le transport tantôt de l'une, tantôt de l'autre. — 2) Conditions requises pour que la tradition transfère la propriété : 1° *justa causa,* fait qui révèle chez les parties l'intention de transférer ; 2° pouvoir d'aliéner du *tradens;* 3° chose susceptible d'être aliénée par tradition ; effets de la tradition d'une *res mancipi;* effets de celle des fonds provinciaux. — 3) De la nécessité de la tradition ou de l'insuffisance du consentement des parties pour opérer le transport de propriété; comment ce principe fondamental se trouve exprimé (imparfaitement) 1. 20, C. *de pactis,* II, 3 (Dioclét. et Maxim.): *traditionibus et usucapionibus dominia rerum, non nudis pactis transferuntur.* Distinction entre ce principe et l'idée de rendre publique la translation de propriété : comment, malgré cette distinction, le principe ci-dessus peut servir à donner quelque publicité aux transports de propriété et comment, lorsqu'il est remplacé par le principe opposé (transport de propriété *solo consensu*), on sent davantage le besoin de mesures spéciales de publicité. — 4) Modalités qui peuvent être opposées à une tradition; terme ou condition; différence entre les modalités *ex quibus* et *ad quas*. — 5) Règles spéciales au transport de propriété par la tradition de la chose *vendue* : pourquoi le paiement du prix est exigé, outre la tradition. Divers cas où, par exception, l'acheteur devient propriétaire avant d'avoir payé le prix : comment, dans tous ces cas, le transport avant paiement n'a lieu que par un effet de la volonté du vendeur; interprétation de la volonté du vendeur qui accorde un terme pour le paiement; comment le vendeur peut protester contre cette interprétation. — 6) De la tradition par personne étrangère : rappel du principe de la représentation (*hoc sensu*), admis en matière de possession; conséquences de ce principe relativement à l'acquisition de la propriété. — 7) Des exceptions tant apparentes que réelles au principe de l'insuffisance du consentement pour opérer le transport de propriété : *a*) exceptions apparentes; cas où la tradition a déjà eu lieu à une époque antérieure; simples détenteurs qui deviennent propriétaires, tels que locataires qui achètent ; *b*) exceptions véritables : des propriétaires qui se transforment en simples détenteurs (vendeurs qui prennent à bail ce qu'ils viennent de vendre); du constitut possessoire. — De la tradition dite *brevi manu;* de la tradition dite *feinte;* de la tradition dite *symbolique.* — 8) Tradition à personne incertaine : si la *derelictio* en est une espèce. — 9) Influence d'une erreur sur la tradition.

8° Usucapion et prescription. — 1) Notions générales sur l'usucapion et la prescription; leur utilité et leur légitimité : en quel sens on a pu appeler soit l'une, soit l'autre, *patrona generis humani.* — 2 De l'usucapion. Ses diverses applications en droit romain. — Ses conditions: 1° Choses susceptibles ou non d'usucapion : *a*) Obstacles provenant d'un vice de la chose, *furtum, vi possessio* ; *b*) obstacles provenant de la personne du propriétaire contre qui elle serait invoquée. 2° Juste titre, ou *justa causa* ; énumération des diverses *justæ causæ usucapionis*. Examen de la question de savoir si et dans quelle mesure la *justa causa* de l'usucapion diffère de celle de la tradition : l'*accipiens a non domino* peut-il ne pas être mis en voie d'usucaper ce dont il serait devenu propriétaire immédiatement par tradition *a domino* ? 3° Bonne foi : erreur de l'*accipiens* ; distinction entre l'erreur de fait et l'erreur de droit. Comment le juste titre et la bonne foi sont deux conditions distinctes. Du titre putatif : dans quelles limites il peut être admis. Des usucapions qui, par exception, s'accomplissent sans bonne foi : *usucapio lucrativa pro herede, usureceptiones, usucapio libertatis* en matière de servitudes urbaines. 4° Temps requis de possession ; de l'interruption de l'usucapion, *usurpatio* ; de la *continuatio possessionis* : de l'*accessio possessionum*. — 3) De la prescription *longi temporis*, ou de dix à vingt ans. Différences fondamentales entre elle et l'usucapion : *a)* quant à l'origine ; pourquoi l'institution prétorienne, prescription, s'est établie à côté de l'institution civile, usucapion ; *b)* quant à la nature ; comment la prescription n'est pas une manière d'acquérir, mais seulement un moyen de procédure ou fin de non recevoir ; *c)* quant aux choses auxquelles elles s'appliquent ; *d)* quant à la durée du temps requis ; sens des mots *absents* et *présents* en matière de prescription ; *e)* quant aux effets ; utilité distincte de l'usucapion et de la prescription invoquées par la même personne relativement à la même chose. Leur ressemblance en ce qui concerne le juste titre et la bonne foi. Comment, après plusieurs siècles, la prescription s'étant transformée et étant devenue aussi une manière d'acquérir, il a pu être parlé de prescription acquisitive. — 4) De la prescription *longissimi temporis* ; sa durée, trente ans en principe, quarante ou cent ans par exception. Comment cette espèce de prescription est purement extinctive ou libératoire ; sa différence essentielle avec la prescription acquisitive. — 5) Innovations de Justinien : en quel sens il a transformé l'usucapion et a fondu en une seule institution l'ancienne usucapion et l'ancienne prescription *longi temporis*, déjà devenue acquisitive avant lui. Obscurité et controverses sur quelques-unes des conséquences de cette transformation. — 6) De l'usucapion dite *extraordinaria* : transformation partielle de la prescription *longissimi temporis* ou extinctive en une prescription acquisitive, pour le cas où le possesseur a bonne foi, sans juste titre. — 7. Tableau résumé des délais et des effets des différentes usucapions et prescriptions du droit romain. Comment la prescription de trente ans sans bonne foi y est toujours demeurée purement extinctive ; différence, sous ce rapport, entre le droit romain et le droit français actuel.

VIII. Perte de la propriété. — 1) En quel sens il peut être parlé de perte de la propriété. Comment, en général, la propriété ne se perd pas, mais se transmet ; cas exceptionnels où elle se perd, sans se transmettre. — 2) Spécialement, de la règle que la propriété ne se perd pas par le non usage ; comment cette règle n'est pas en contradiction avec les diverses usucapions et prescriptions acquisitives ; imprescriptibilité de l'action en revendication. — 3) Sens et portée du principe *res extinctæ vindicari non possunt*. — 4 Perpétuité de la propriété. Ses conséquences. En quel sens la volonté des parties est enchaînée par elles ; dans quelles limites cette volonté peut, en les modifiant, créer une propriété temporaire ou résoluble.

II. — Servitudes.

I. INTRODUCTION. — Ce que l'on entend par servitude et par liberté d'un fonds ; sens des mots *fundus optimus maximus*. Ce qui distingue la servitude des autres droits réels. — Division des servitudes : 1) personnelles, prédiales ; 2) positives, négatives ; 3) *faciendi, habendi, prohibendi* ; 4) *in potiendo, in non faciendo* ; 5) urbaines, rurales ; 6) continues ou non ; 7) apparentes ou non ; 8) causales, formelles ; 9) régulières, irrégulières.

II. RÈGLES COMMUNES A TOUTES LES SERVITUDES, tant personnelles que prédiales. 1) Ne jamais consister à faire : différence essentielle entre la servitude et le droit de créance ;

2) leur intransmissibilité ; 3) leur variété ; 4, leur caractère de choses incorporelles ; de la *juris quasi-possessio* et de la quasi-tradition des servitudes ; 5) *nemini res sua servit* ; 6) *servitus servitutis esse non potest;* 7) définition générale des servitudes.

III. SERVITUDES PERSONNELLES. — A. USUFRUIT. — 1) Notions générales ; définition. — 2) Comment l'usufruit s'établit. Distinction entre la *translatio* et la *deductio ususfructus.* Si et dans quelle mesure les différentes manières d'acquérir la propriété sont des manières d'établir l'usufruit ; distinction entre l'établissement *jure civili* ou *jure prætorio* de l'usufruit. Des modalités qui peuvent être apposées à l'établissement de l'usufruit. — Si l'usufruit peut être établi comme droit réel par le seul effet des conventions, pactes ou stipulations. — 3) Droits de l'usufruitier, distinction : 1° entre les fruits et les produits autres que les fruits ; 2° entre les fruits naturels et les fruits civils. — 4) Obligations de l'usufruitier. — 5) Comment l'usufruit s'éteint. Spécialement de son extinction par le non usage ; pourquoi le non usage qui n'éteint pas le droit de propriété éteint celui d'usufruit. Sens et portée de l'innovation de Justinien relative à l'extinction de l'usufruit par le non usage : *a)* s'il a seulement changé le délai, ou *b)* s'il a transformé cette extinction en une prescription acquisitive, exigeant possession, juste titre et bonne foi, ou *c)* s'il a exigé possession, mais sans juste titre ni bonne foi, étendant à l'usufruit l'*usucapio libertatis* des servitudes prédiales urbaines. — De l'extinction de l'usufruit, quand l'acquisition en avait eu lieu par un *alieni juris.* — 6, Du quasi-usufruit.

B. USAGE. — Ce que comporte le droit réel d'usage d'après sa nature. Raison et limites des concessions de faveur faites à l'usager.

C. HABITATION. — Sa différence avec l'usage d'une maison.

D. OPERÆ SERVI AUT ANIMALIS.

IV. SERVITUDES PRÉDIALES. — I. Règles communes à toutes les servitudes prédiales ou réelles. — 1) Leur nature ;

nécessité de deux fonds ; leur perpétuité ; leur indivisibilité, vraie signification et conséquences de cette indivisibilité : impossibilité de les concevoir sur une part indivise. — 2) Leur établissement ; comparaison avec l'établissement de l'usufruit et revue des différentes manières d'acquérir la propriété dans leurs rapports avec l'établissement des servitudes ; des servitudes qui n'existent que *jure prætorio ;* de leur établissement par le seul effet des conventions. — 3) Leur extinction. — II. De la distinction des servitudes prédiales en rurales et urbaines. — 1) Intérêt de cette distinction. — 2) En quoi elle consiste précisément ; controverses. — 3) Enumération des principales servitudes tant rurales qu'urbaines.

V. SERVITUDES IRRÉGULIÈRES. — Si et dans quelle mesure il existe : 1) soit des servitudes personnelles irrégulières ; 2) soit des servitudes prédiales irrégulières.

III. — Droit réel sur *l'ager vectigalis* et emphytéose.

Pourquoi ce droit réel prétorien *sui generis* a été établi, à côté des droits de créance déjà reconnus par le droit civil au concessionnaire de l'*ager vectigalis* et à l'emphytéote. Rappel des différences fondamentales qui séparent les droits réels des droits de créance.

IV. — Droit réel de superficie.

Ressemblances et différences entre : 1° ce second droit réel prétorien et le précédent ; 2° entre ce droit même réel et les droits de créance du superficiaire, considéré comme preneur.

V. — Droit réel d'hypothèque.

Pourquoi l'étude de ce 3° droit réel prétorien est renvoyée à la matière des obligations.

IV. — SUCCESSIONS

ET AUTRES MANIÈRES D'ACQUÉRIR A TITRE UNIVERSEL
TANT LES DROITS RÉELS QUE LES DROITS DE CRÉANCE.

A. — SUCCESSIONS.

I. — Introduction.

1° Divers sens du mot *successio* : *a*) hérédité; *b*) représentation (*hoc sensu*, *successio in locum*; *c*) dévolution, soit d'un degré à l'autre, dans une même classe de successibles, *successio graduum*; soit d'une classe de successibles à une autre, *successio ordinum*. — 2) Aperçu des différences : 1° entre le successible et l'héritier ou entre la délation et l'acquisition de la succession; 2° entre l'héritier et le légataire; 3° entre l'héritier du droit civil, *heres*, et l'héritier du droit prétorien. *bonorum possessor*; 4° entre l'héritier ou légataire direct et l'héritier ou légataire indirect dit *fidéicommissaire*.

II. — Délation de la succession.

Notion des deux grandes espèces de délation : succession testamentaire, succession *ab intestat*. Des différentes manières dont ces deux sortes de succession peuvent être considérées dans les rapports de l'une avec l'autre. Comment les Romains ont compris ces rapports. De la règle *nemo partim testatus partim intestatus decedere potest*; comment on peut expliquer cette règle, soit au point de vue de la raison, soit à celui de l'histoire.

A. — Délation de la succession en vertu d'un testament.

I. Notions préliminaires et générales. — 1) Origine du testament; s'il est de droit naturel ou de droit civil, pris ici dans le sens de droit positif; s'il peut être considéré comme ayant été en usage à Rome dès les premiers temps, bien qu'il suppose un état de civilisation déjà avancée. Conjectures sur l'extension que la loi des Douze Tables a faite aux plébéiens du droit de tester, d'abord reconnu aux patriciens seulement. — 2) Aperçu des avantages et des dangers du testament. — 3) Définition du testament.

II. DE LA CAPACITÉ DE TESTER. — Sens de *testamenti factio* en général, et de ce que l'on a appelé *testamenti factio* active et passive. Du principe de la capacité de tester considérée, non comme une conséquence du droit de propriété, mais comme une concession du législateur. A qui cette concession a été faite; règle générale : aux citoyens *sui juris*, ses applications; exceptions à la règle : 1° des citoyens *sui juris* incapables de tester, impubères, *furiosi*, etc.; 2° de ceux qui peuvent tester sans être *sui juris* ; 3° de ceux qui peuvent tester sans être citoyens; 4° règles spéciales à la capacité de tester des femmes.

III. FORMES DES TESTAMENTS. — A. *Formes de droit commun.* 1) Testament *calatis comitis*, comices par curies; 2) *in procinctu;* 3 *per æs et libram :* a) 1ʳᵉ forme, l'*emptor familiæ* est héritier ; b) 2ᵉ forme, l'*emptor familiæ* n'est pas héritier; 4) testament prétorien; 5) testament public, *principi oblatum* ou *apud acta conditum ;* 6) testament tripartit ; 7) testament purement verbal ou nuncupatif; 8) testament olographe : deux sens des mots *testamentum holographum ;* si et dans quelle mesure le droit romain a admis la forme olographe.

B. *Formes de droit exceptionnel.* 1) Testament militaire; dispense de formes : raison de ce privilége. S'il est accordé seulement *in expeditione*, soit avant, soit depuis Justinien. — Aperçu des priviléges, autres que la dispense de formes, dont jouissent les militaires en matière de testament. — 2) Testament des ascendants *inter liberos ;* si et comment cette espèce de testament peut se rattacher au rôle du *paterfamilias* considéré comme juge d'une action en partage anticipé. — 3) *Testamentum pestis tempore.* — 4) *Testamentum rusticorum.*

C) Des témoins dans les testaments; incapacités absolues et relatives d'être témoin.

IV. De l'institution d'héritier. — A. *De l'ins*
supposée aussi simple que possible à tous les points
1) Notion et importance de l'institution d'héritier dans l
ment romain : *Caput et fondamentum totius testam*
2) Capacité requise pour être institué héritier, *tes*
factio passive ; *a)* incapacités absolues : spécialem
personnes incertaines et des posthumes ; b) incapacit
tives : femmes, loi Voconia ; enfants naturels, dans cert&
etc. — Notion de la différence entre : 1° la capacité d'è
titué et celle de recueillir (*jus capiendi*) ; 2° la capa
personnes et l'indisponibilité des biens. — 3) Règles s
à l'institution des esclaves : *a)* du testateur ; *b)* d'autru
Comment doit et peut être faite l'institution : *a*° R
fond : 1° volonté libre et spontanée du testateur ; de la
et de la captation ; 2° désignation de l'héritier. — *b)* R
forme : 1° termes à employer ; 2° nullité des disposition:
par l'institué lui-même ; Scte Libonien.

B. *De l'institution étudiée dans ses variétés et co:*
tions. — 1) Modalités de l'institution : *a)* De la co
1° condition suspensive, *ex qua* ; effets de l'institution
tionnelle, *pendente, eveniente* et *deficiente conditio:*
conditions impossibles ou immorales : pourquoi elles :
nues pour non écrites, au lieu d'entraîner la nullité de
titution. Des conditions qui entraînent cette nullité : (
ditions perplexes ; (2) conditions purement potestative
part d'un tiers ; (3) conditions captatoires. — 2° Condi
solutoire, *ad quam* ; pourquoi elle ne peut être valal
apposée ; pourquoi elle est tenue *pro non scripta.* —
terme ; 1° terme certain ; pourquoi tout terme certair
seulement *ad quem*, mais encore *ex quo*, ne peut être v
ment apposée ; pourquoi il est *pro non scripto.* — 2°
incertain ; son assimilation à la condition, en matière d(
ment ; raison véritable de cette assimilation (l'incertit
terme suffit pour empêcher la délation aux successibles
testat) ; faux motif qui en serait donné (possibilité de
de l'institué avant l'arrivée du terme). — *c)* Du *modus,* (

sa différence avec la condition. — *d*) De l'institution *pœnæ nomine*, espèce d'institution conditionnelle d'une nature particulière : sa nullité à l'époque classique; sa validité dans le droit de Justinien. — 2, De la pluralité des institutions d'héritier et des institutions conjointes ou séparées. *a*) Division de l'hérédité en douze onces et en un ou plusieurs *as*. — *b*) Des institutions conjointes : des diverses espèces de *conjunctiones* et de *disjunctiones* (*re, verbis, re et verbis*. — *c*) Conséquences dans le cas de plusieurs héritiers institués, de la règle *nemo partim testatus partim intestatus decedere potest*. — *d*) De l'institution *ex re certa*. — 3) Des substitutions. *a*) Définitions et espèces. *b*) Substitution vulgaire; cas exceptionnels de concours du substitué avec l'institué. *c*) Substitution pupillaire. *d*) Substitution quasi-pupillaire ou exemplaire.

V. DES CAUSES D'INEFFICACITÉ DES TESTAMENTS. — 1) Du testament nul ou *injustum*. — 2) Rupture des testaments : *a*) *agnatione* (renvoi ; infra p. 36); *b*) par la confection d'un testament postérieur. — 3, Testament *irritum*. — 4) Testament *destitutum*.

B. — Délation de la succession *ab intestat*.

I. NOTIONS PRÉLIMINAIRES ET GÉNÉRALES. — 1) Cas où la succession est déférée *ab intestat*. 2) Moment précis où s'ouvre la succession *ab intestat* (celui où il est certain qu'il n'y aura pas d'héritier testamentaire). 3) Capacité requise pour être appelé à succéder *ab intestat* ; nécessité de l'existence du successible : 1° à la mort du *de cujus* ; 2° à l'ouverture de la succession *ab intestat*.

II. DIVERS ORDRES DE SUCCESSIBLES AB INTESTAT. — Considérations générales sur la manière dont se sont opérés les changements du droit en cette matière, depuis les douze tables jusqu'à Justinien. — Influence respective de l'ordre ou de la classe et du degré de parenté ; sens et portée de la règle, *la classe prime le degré*.

I.) Règles générales de délation de la succession *ab intestat* avant les Novelles de Justinien.

I. Loi des douze tables. — Idée du système successoral des douze tables : puissance exclusive des liens civils, *agnatio*, *gentilitas ;* impuissance absolue des liens du sang, *cognatio.*

Premier ordre : Héritiers siens ; étymologie et véritable sens des mots *héritiers siens ;* quels enfants sont héritiers siens ; représentation admise dans cet ordre. — Deuxième ordre : Agnats. — Troisième ordre : *Gentiles.* Difficulté de savoir ce qu'est précisément la *gens romana ;* principaux systèmes à cet égard ; comparaison de la *gens romana* avec les institutions de divers autres peuples, tels que le γένος des Grecs, le *bratsvo,* la *rodna* des Slaves, etc.... — A-t-il existé un quatrième ordre qui serait la curie ?

II. Modifications partielles apportées à la délation établie par la loi des 12 tables. — *a)* Modifications apportées par le préteur. Idée générale du système successoral prétorien, ou de la *bonorum possessio :* 1° le préteur fait abstraction de l'émancipation ; 2° il tient compte des liens du sang. — Premier ordre : *Bonorum possessio unde liberi.* — Deuxième ordre : *b. p. unde legitimi.* — Troisième ordre : *b. p. unde cognati.* — Quatrième ordre : *b. p. unde vir et uxor.* — *b.* Modifications apportées par le droit civil. — 1) Jurisprudence dite *voconienne :* exclusion des femmes agnates autres que les sœurs. — 2) Sénatus-consultes et constitutions qui s'y réfèrent. Principe commun de toutes les modifications apportées de cette manière : faire passer certains cognats dans la classe des agnats. — 1° Scte Tertullien, droits de succession accordés à la mère. — 2° Scte Orphitien, droits de successions accordés aux enfants et autres descendants sur la succession de la mère, et d'autres ascendants maternels. — 3° Constitutions relatives aux successions des collatéraux, frères et sœurs, neveux et nièces.

II.) Règles générales de délation de la succession *ab intestat* d'après les Novelles 118 et 127 de Justinien.

Idée générale : la vocation se fonde sur les liens du sang, la *cognatio* remplace l'*agnatio.*

1er ordre : descendants. — 2e ordre : ascendants en concours avec les collatéraux les plus privilégiés, frères ou sœurs germains (Nov. 118) et leurs enfants (Nov. 127) ; privilége du double lien. — 3ᵉ ordre : collatéraux moins privilégiés, frères et sœurs d'un seul côté et leurs enfants. — 4ᵉ ordre : autres collatéraux, non privilégiés.

III.) Règles spéciales de délation de quelques successions *ab intestat*.

1) Successions laissées par un affranchi. — 2) Successions laissées par un émancipé. — 3) Successions laissées par un fils de famille, ou sur les pécules. — 4) Droits de succession accordés aux enfants adoptés. — 5) Droits accordés aux enfants naturels. — 6) Divers droits de succession fondés sur une cause autre que la parenté : *a*) conjoint survivant ; *b*) fisc ; *c*) certaines personnes morales.

C. — Délation de la succession contre un testament.

I. Notions préliminaires et générales. 1) Idée commune à toutes les règles étudiées dans cette section : protection spéciale accordée à quelques-uns des successibles ab intestat contre les dispositions du testateur. Comment et pourquoi, le droit de tester une fois admis, la liberté de tester put être, à l'origine, illimitée ; comment elle fut soumise plus tard à diverses restrictions. — 2) Aperçu de la diversité des restrictions qui furent apportées en droit romain à la liberté de tester : *a*) soit quant aux personnes protégées; *b*) soit quant aux moyens employés ; *c*) soit quant à l'efficacité de ces moyens. 3) En quel sens le droit des successibles ab intestat ainsi protégés a pu être qualifié de *nécessaire*. Pourquoi cependant on ne doit pas donner à ces successibles la qualification d'*héritiers nécessaires*. Autre sens de ces termes en droit romain.

II. Des restrictions a la liberté de tester apportées en faveur des descendants du testateur.

a) *Restrictions dans la forme des testaments.* 1) De la nécessité d'instituer ou d'exhéréder les enfants. Comment cette nécessité ne concerne que la forme et non le fond des dispositions testamentaires ; comment elle a pu cependant être considérée comme une restriction sérieuse.

2) De quelle manière s'est introduite cette nécessité : influence de la coutume et spécialement de l'autorité des jurisconsultes. Principe de copropriété collective de la famille civile (*condominium familiæ*) sur lequel a été fondée la nécessité d'instituer ou d'exhéréder les enfants ; rappel du vrai sens de *suus heres*.

3) Règles du droit civil relatives à cette nécessité : 1° quels enfants le testateur est tenu d'instituer ou d'exhéréder ; 2° formes de l'exhérédation (*nominatim, inter ceteros*) ; 3° effets du défaut d'institution ou d'exhérédation ; différences dans les effets de la simple omission des enfants suivant la qualité de l'enfant omis : tantôt nullité du testament, tantôt *jus acrescendi (hoc sensu)* — De la rupture du testament *agnatione*. Dans quelles limites et par quels moyens le testateur peut empêcher que son testament, valablement fait, soit rompu par suite d'un événement faisant acquérir la qualité d'héritier sien à un enfant qui ne l'avait pas d'abord. De l'institution et de l'exhérédation des posthumes. Différence entre le sens de *postumus* en latin et de *posthume* en français. Des principales classes de posthumes, siens, aquiliens, velléiens, juliens et des quasi-posthumes.

4) Règles du droit prétorien. *Bonorum possessio, contra tabulas :* extension aux émancipés de la protection que le droit civil accordait aux enfants restés dans la famille civile. Principales différences entre les règles du droit civil et les effets de la *b. p. contra tabulas*. Triple tempérament d'équité apporté par le préteur aux conséquences logiques de la *b. p. contra tabulas :* 1° maintien de certains legs ; 2° *collatio emancipati* ; 3° de l'édit *de conjungendis cum emancipato liberis ejus* (Dig. 37, 8).

b) Restrictions quant au fond des dispositions testamentaires. 1) De la nécessité de laisser quelque chose à certains parents. Notion de l'*inofficiosité* des testaments. Comparaison de la théorie de l'inofficiosité avec celle dite de l'exhérédation : 1º quant à la manière dont elle s'est établie (jurisprudence du tribunal des centumvirs ; prétexte d'insanité d'esprit du testateur) ; 2º quant au principe sur lequel elle repose (manquement au devoir) : si l'on peut admettre que, dès son origine, elle ait été admise en faveur des enfants émancipés et des descendants par les femmes ; 3º quant à ses effets : de la *querela inofficiosi testamenti* ; idée de cette action et ses ressemblances avec la pétition d'hérédité et avec l'action d'injures.

2) A quelles conditions peut s'exercer la *querela : a)* Quels descendants peuvent l'exercer ; *b)* reproche d'injustice qu'ils doivent adresser au testateur ; pouvoir discrétionnaire du juge de la *querela* pour apprécier si ce reproche est fondé ; — de l'exhérédation dite *bona mente; c)* le *querelans* doit n'avoir aucune autre voie pour obtenir l'hérédité ; *d)* il faut que le *querelans* n'ait pas reçu une part convenable. Quelle part peut être considérée comme convenable ; divers systèmes successivement suivis en droit romain à cet égard : 1ʳᵉ époque, depuis l'établissement de la *querela* jusqu'à celui de la *légitime ;* pouvoir discrétionnaire à cet égard du juge de la *querela ;* 2ᵉ époque, théorie de la *légitime ;* comment cette théorie est venue préciser et adoucir celle de l'inofficiosité primitive. Calcul de la quarte légitime ; formation des masses active et passive ; de l'imputation sur la légitime. — De l'action en complément de légitime : option laissée entre elle et la *querela.* Différences de ces deux actions, quant à leur but, leur nature, leur durée, leur transmissibilité. — 3ᵉ époque, Constantin ; l'option entre ces deux actions est retirée et l'action en complément est seule possible, lorsque le testateur l'a exprimé. — 4ᵉ époque : système des Institutes de Justinien : l'option est toujours retirée ; la *querela* n'a lieu que si le testateur n'a *rien* laissé.

3) Comment se perd le droit d'exercer la *querela.*

4) Effets de la *querela : a)* en supposant un seul légitimaire et un seul institué, 1º gain du procès par le légitimaire ; 2º gain du procès par l'institué. — *b)* en supposant plusieurs légitimaires ou plusieurs institués.

5) Innovations apportées en matière d'inofficiosité par les

Novelles 18, 22 et 115 de Justinien : *a*) montant de la légitime ; *b*) nécessité de donner au légitimaire le titre d'héritier ; *c*) énumération législative des justes causes d'exhérédation ou d'omission ; sanction de ces règles nouvelles ; l'ancienne *querela* est-elle supprimée, et remplacée par ce qu'on a appelé une *nullitas juris novi ? d*) maintien des dispositions testamentaires autres que l'institution.

6) Règles spéciales aux adoptés ; quarte Antonine ; quarte Sabinienne.

III. Des restrictions a la liberté de tester apportées en faveur des ascendants du testateur.

IV. Restrictions en faveur des frères ou sœurs.

V. En faveur du patron : *bonorum possessio dimidiæ partis ; bonorum possessio uti ex legibus.*

VI. En faveur de l'ascendant émancipateur.

VII. En faveur du conjoint survivant : quarte du conjoint pauvre (Nov. 53, ch. 6); quarte de la veuve pauvre (Nov. 117, ch. 5).

VIII. Appendice à l'inofficiosité des testaments : 1) des donations et des dots inofficieuses. — 2) Comparaison sommaire de la légitime romaine et de la réserve coutumière.

III. — Acquisition de la succession.

A. Droit civil : acquisition de l'hérédité.

I. *Manières d'acquérir l'hérédité.* 1) Acquisition forcée : 1° héritiers siens et nécessaires ; 2° héritiers nécessaires (esclaves). — 2) Acquisition volontaire : héritiers externes. De l'*adition* d'hérédité : *a*) Sa nature, sa différence avec l'*acceptation* du droit français. *b*) Ses diverses espèces ; *cretio ; pro herede gestio. c*) A partir de quel moment et jusqu'à quel moment l'adition peut être faite. Des moyens indirects employés pour amener le successible à ne pas différer indéfiniment son adition : 1° *usucapio lucrative pro herede;* 2° *jus deliberandi. d*) Capacité requise pour faire adition : trois époques où elle est nécessaire. Comment elle est essentiellement personnelle à celui qui est appelé à succéder. Du principe de l'intransmissibilité du droit de faire adition et des exceptions à ce principe.

II. *Effets de l'acquisition de l'hérédité :* 1) Règles communes à l'acquisition par un seul ou par plusieurs. *a)* Continuation de la personne du défunt; *b)* confusion du patrimoine du défunt et de celui de l'héritier; *c)* irrévocabilité de l'acquisition : *semel heres semper heres*; *d)* droits de l'héritier; spécialement de l'acquisition de la possession : si elle passe *ipso jure* à l'héritier ; *e)* obligations de l'héritier; *f)* exceptions aux principes généraux sur les effets de l'acquisition de l'hérédité : 1° bénéfice d'abstention de l'héritier sien ; 2° bénéfice de séparation de l'esclave héritier nécessaire; 3° d'une autre *separatio bonorum* (séparation des patrimoines) accordée aux créanciers du défunt contre les créanciers de l'héritier; 4° bénéfice d'inventaire ; ses antécédents conventionnels (pactes de remise partielle et mandat); ses antécédents législatifs (bénéfice de Gordien, en faveur des militaires); son établissement par Justinien; 5° exceptions à l'irrévocabilité de l'acquisition.

2) Règles spéciales à l'acquisition par plusieurs héritiers. De l'indivision entre les héritiers; quelles choses sont ou non dans l'indivision. Comment cesse l'indivision ; partage : ses espèces; ses effets. — Spécialement des obligations de chaque héritier ; *a)* envers les créanciers de l'hérédité; *b)* envers les légataires : dans quelle proportion ils sont tenus, pour leur part héréditaire ou pour leur part virile ?

B. Droit prétorien : acquisition de la bonorum possessio.

I. *Manières d'acquérir la bonorum possessio :* 1) l'acquisition n'en est jamais forcée; 2) de la *petitio* ou *agnitio b. p.* ; 3) délais dans lesquels la *b. p.* doit être demandée ; du *successorium edictum*; 4) capacité requise pour acquérir la *b. p.* Possibilité de la demander par un représentant.

II. *Effets de l'acquisition de la bonorum possessio :* 1) du principe que le *bonorum possessor* est *loco heredis* ; ses conséquences quant aux droits et aux obligations du *bonorum pos-sessor ;* rôle des actions fictices en cette matière. — 2) Effets propres de l'acquisition de la *b. p.; a)* interdit *quorum bono-rum ; b) collatio emancipati ;* de quels biens elle est due ; comment elle est un apport, plutôt qu'un rapport ; qui la doit ; à qui elle est due ; comment elle s'effectue. Transformations qu'a subies la *collatio :* 1° *collatio dotis,* tantôt apport, tantôt rapport ; 2° *collatio* dite *descendentium ;* rapport (et non plus apport) de certaines donations.

III. *Conflit du* bonorum possessor *avec l'heres.* De la *bono-rum possessio cum re* ou *sine re.* Comment la *b. p. sine re* est le principe et la *b. p. cum re* l'exception : 1° b. p. *contra ta-bulas* et *unde liberi;* 2° b. p. *secundum tabulas,* avec des dis-tinctions.

IV. *Mesures provisoires prises en certains cas par le pré-teur en matière de succession.* 1) *Missio in possessionem ven-tris nomine :* nominations de deux curateurs distincts. 2) *Edic-tum carbonianum :* contestation d'état ou de légitimité d'un impubère. 3) Divers autres cas, *furiosi nomine,.....* 4) Notion de la *bonorum possessio decretalis ;* ses différences avec la *b. p. edictalis.*

V. *Résumé et coup d'œil d'ensemble sur les* bonorum pos-sessiones. Classifications diverses. Controverses sur l'origine des *b. p.;* difficulté de savoir par laquelle le préteur a com-mencé.

IV. — Du défaut d'acquisition de la succession et de ses conséquences.

A. Droit civil : défaut d'acquisition de l'hérédité.

1. *Causes du défaut d'acquisition.* 1) Mort du successible avant l'adition : cas exceptionnels où se transmet le droit de faire adition; 2) incapacité survenant après la délation et avant l'adition; 3) répudiation; 4) défaut de *jus capiendi.* Comment et pourquoi s'est introduite la distinction entre la capacité d'être institué et celle de recueillir le profit de l'institution ou

jus capiendi. Personnes qui n'ont pas le *jus capiendi* : 1° Latins juniens; 2° des célibataires, des *orbi* et en général des modifications apportées à la capacité de recevoir *ex testamento* par les lois caducaires (Lois *Julia* et *Papia Poppea*). But de ces lois; distinction entre les personnes dites *incapaces*, et les personnes dites *exceptæ : de la *solidi capacitas* de certains parents, etc... Capacité spéciale entre époux; sens des mots *leges decimariæ*.

II. *Conséquences du défaut d'acquisition de l'hérédité.* a) dans le cas d'un seul institué : 1° ouverture des substitutions; 2° à défaut de substitué qui acquière : ouverture de la succession ab intestat.

b) Dans le cas d'un seul successible ab intestat de sa classe et de son degré : dévolution, tantôt à un successible d'une autre classe (*successio ordinum*), tantôt à un successible d'un autre degré dans la même classe (*successio graduum*).

c) Dans le cas de plusieurs institués ou de plusieurs successibles ab intestat : 1° accroissement; sa nature : en quel sens il est plutôt un droit de non décroissement; ses causes : 1) volonté du testateur; *conjunctio*; 2) force de la loi : application de la règle *nemo partim testatus partim intestatus decedere potest.* — Comment l'accroissement s'opère; 1) *Invito;* 2) *Portioni non personæ;* utilité de la substitution vulgaire réciproque; 3) tantôt *cum onere*, tantôt *sine onere.* — 2° Modifications apportées à l'accroissement par les lois dites caducaires. Diverses distinctions de dispositions et de personnes qui doivent être faites sous l'empire de ces lois : 1) des dispositions caduques proprement dites ; 2) dispositions *in causa caduci ;* 3) dispositions *pro non scriptis ;* 4) personnes frappées d'incapacité; 5) personnes récompensées ou privilégiées (*patres*) ; 6) personnes *exceptæ;* 7) personnes qui ont le *jus antiquum in caducis.* Répartition des dispositions de ces diverses espèces entre les diverses classes de personnes ; spécialement des *præmia patrum* ou du *jus caduca vindicandi* : dans quel ordre il est accordé; comment il s'opère; ses effets. Nouveaux cas d'utilité de la substitution vulgaire réciproque. — Impopularité des lois caducaires; divers moyens de les éluder. Leur abrogation graduelle par Constantin, par Théodose II et par Justinien.

B. Droit prétorien : défaut d'acquisition de la bonorum possessio.

I. *Causes du défaut d'acquisition :* 1) mort, 2) incapacité, 3) répudiation, 4) expiration des délais.

II. *Conséquences du défaut d'acquisition de la b. p. :* dévolution ou accroissement, selon les cas.

V. — Legs.

I. Notions générales et historiques. — Nature des legs; leurs quatre espèces à l'époque classique, *per vindicationem, per damnationem, sinendi modo, per præceptionem.* Comment la différence entre ces quatre espèces de legs repose, au fond, sur la volonté du testateur, et dans la forme, sur la différence des termes qu'il a employés pour manifester sa volonté. Conséquences logiques qui en découlent : 1° quant à l'espèce de droit (tantôt réel, tantôt de créance) conféré au légataire ; 2° quant aux choses qui peuvent être léguées de l'une ou de l'autre manière. Comment la rigueur primitive de cette logique a été successivement adoucie : 1° par des controverses sur l'effet des legs *sinendi modo* et *per præceptionem* ; 2° par le Scte Néronien. Nécessité de termes sacramentels dans les formules des diverses espèces de legs ; suppression de cette nécessité sous les fils de Constantin : comment néanmoins subsiste encore la différence des quatre espèces de legs. — Innovations de Justinien : 1° fusion des quatre espèces de legs en une seule, avec droit réel et de créance au profit du légataire ; comment il peut se faire toutefois que le légataire n'ait pas un droit réel, mais seulement un droit de créance ; 2° hypothèque légale concédée à tout légataire sur les biens de la succession.

II. Des personnes qui figurent dans les legs. 1) Par qui le legs peut être fait. 2) A la charge de qui il peut être mis (*a quo legari potest.* 3) Au profit de qui il peut être fait ; spécialement du legs à l'un d'entre plusieurs héritiers.

III. Objet des legs. 1) Règles générales. 2) Règles particulières à quelques legs : 1° legs de corps certain, legs de genre, legs d'option; 2° legs de la chose d'autrui ; 3° legs d'une chose hypothéquée ou grevée de droit réel autre que l'hypothèque ; 4° legs de la chose du légataire ; 5° legs de libération; 6° *legatum debiti*; 7° legs de la dot; 8° legs d'une créance (*legatum nominis ;*) 9° legs partiaire : des stipulations dites *partis* et *pro parte*. Différence entre le légataire partiaire du droit romain et le légataire à titre universel du droit français actuel.

IV. Règles de forme concernant la validité des legs. 1) De la nécessité de termes consacrés. 2) Place que le legs doit occuper dans le testament ; inefficacité du legs placé avant l'institution d'héritier ; conséquences qui en découlent dans le cas où le legs est placé entre plusieurs institutions. Innovation de Justinien.

V. Des modalités des legs. 1) *Terme :* *a*) Terme certain ; sa validité dans les legs, à la différence de ce qui a lieu dans les institutions d'héritier ; raison de cette différence. — *b*) Terme incertain ; son assimilation à la condition, dans les legs comme dans les institutions ; comment cette assimilation est, en ce qui concerne les legs, moins facile à justifier que relativement aux institutions d'héritier ; comment elle peut cependant s'expliquer par l'idée que les legs sont faits en vue de la personne même du légataire. — Des termes qui entraînent la nullité du legs : *a*) *post portem heredis (aut legatarii); b) pridie quam heres (aut legatarius) moriatur.* Validité des termes *cum heres (aut legatarius) moriatur.* Comment peut être expliquée cette différence : sa suppression par Justinien.

2) *Condition :* comparaison des règles relatives à la condition dans les institutions d'héritier et dans les legs.

3) *Modus,* charge. Sa différence avec la condition.

4) Legs *pœnæ nomine :* legs conditionnel d'un caractère particulier ; sa nullité à l'époque classique; sa validité dans le droit de Justinien. Utilité de distinguer encore dans le droit de Justinien les legs *pœnæ nomine* des autres legs conditionnels, dans le cas où la condition est impossible ou immorale.

5) Des mesures prises pour la conservation des droits des légataires à terme et conditionnels : *cautio legatorum servan- dorum causa ;* faute par l'héritier de fournir cette *cautio,* en- voi en possession de ses biens (Dig. 36, 3 et 4).

VI. Révocation et translation des legs. 1) Révocation, ses diverses espèces : *a)* expresse ; *b)* tacite ; *c)* présumée; *d)* conditionnelle. — 2) Translation. — 3) Règles de forme com- munes à la révocation et à la translation.

VII. De l'ouverture du droit au legs (*dies cedit*) et de l'exigibilité (*dies venit*). 1) Notion de la distinction entre l'ou- verture du droit au legs et son exigibilité. — 2) Raison de cette distinction : *a)* comment elle se rattache aux principes précé- demment posés, d'après lesquels l'institution d'héritier est *caput et fundamentum totius testamenti ;* comment le sort des legs dépend de l'adition d'héritier. *b)* But dans lequel a été établie la distinction : enlever à l'héritier l'intérêt qu'il pour- rait avoir à retarder son adition. — Pourquoi la distinction en- tre l'ouverture et l'exigibilité des legs, fondamentale en droit romain, est étrangère au droit français. — 3) A quel moment s'ouvre le droit au legs, ou *quando dies legati cedat* : jamais *vivo testatore ;* tantôt *morte testatoris* , tantôt plus tard; dif- férence entre les legs purs et simples ou à terme certain, d'une part, et les legs conditionnels ou à terme incertain, d'autre part. — Du retard à l'ouverture du droit aux legs purs apporté par les lois caducaires (ouverture des tablettes du testament).— 4) A quel moment le paiement des legs est exigible ou *quando dies veniat. —* 5) Importance du *dies cedens* ou effets de l'ou- verture du droit antérieurement à l'exigibilité : *a)* Quant à la transmissibilité aux héritiers du légataire; *b)* quant au moment où le légataire doit être capable de recueillir; *c)* quant à la personne qui profitera du legs fait à un légataire *alieni juris ; d)* quant à la consistance du legs, d'après les choses qu'il com- prend; et l'état de la chose léguée. — 6) Exceptions qui sont apportées, en certains cas, aux règles de droit commun sur le *dies cedens* (ou des legs purs *quorum dies cedit adita here- ditate* seulement, au lieu de *morte testatoris) :* 1o legs fait par le testateur à son propre esclave; 2° legs d'usufruit; 3° legs de servitudes personnelles autres que l'usufruit. — 7) Des legs annuels, mensuels ou quotidiens, *in singulos annos, menses, vel dies.*

VIII. Acquisition des legs. — 1) Nature de cette acquisition : *a)* Elle a lieu *ipso jure* ou *lege. b)* Elle est volontaire. *c)* Elle est subordonnée à la condition virtuelle de l'acquisition de l'hérédité par l'héritier. *d)* A quel moment précis le légataire acquiert soit la propriété, soit tout autre droit légué ; controverse des jurisconsultes romains sur cette question. — 2) Acquisition de la possession de la chose léguée : nécessité d'une délivrance par l'héritier et d'une appréhension par le légataire. — 3) Acquisition des fruits et intérêts de la chose léguée; à partir de quel moment le légataire a droit aux fruits et intérêts : *a)* dans les legs purs; *b)* dans les legs à terme ou conditionnels.

IX. Du défaut d'acquisition des legs et de ses conséquences.

I. *Causes du défaut d'acquisition.* 1) Nullité du legs, tantôt accessoire, conséquence de la nullité du testament, tantôt principale, c'est-à-dire propre au legs. 2) Répudiation. 3) Mort du légataire avant l'ouverture de son droit. 4) Incapacité du légataire survenant avant l'exigibilité de son droit. 5) Défaut de *jus capiendi;* application aux legs des dispositions des lois caducaires. 6) Concours de causes lucratives. 7) Perte de la chose léguée : différence entre les legs de corps certain et les legs de genre (*genera non pereunt*). Spécialement *a)* du legs de plusieurs choses distinctes; *b)* legs d'une chose principale avec ses accessoires; *c)* legs d'un troupeau; *d)* legs d'une maison ; *e)* legs d'un pécule.

II. *Conséquences du défaut d'acquisition des legs.* 1) Principe : libération du débiteur du legs. 2) Exceptions : 1° Accroissement; 2° *Caducorum vindicatio.*

1° De l'accroissement entre légataires : *a)* cas où il a lieu ; sous quels rapports la conjonction dans les legs ressemble à la conjonction dans les institutions; sous quels rapports elle en diffère: comment les expressions *conjunctim legare* et *dis-*

junctim legare sont devenues usitées pour désigner une réunion dans les termes et une séparation dans le fond. Principe sur lequel repose la théorie de l'accroissement entre colégataires : volonté du testateur, c'est-à-dire *conjunctio re*. Applications de ce principe dans les différentes espèces de legs. Comment en résulte l'impossibilité de l'accroissement dans le legs *per damnationem (damnatio partes facit)*. — *b)* Comment s'opère l'accroissement, ses effets. — *c)* Règles spéciales à l'accroissement en matière de legs d'usufruit.

2° *Caducorum vindicatio* : Modifications des règles de l'accroissement par les lois caducaires ; rappel de la distinction des trois classes de dispositions et des quatre classes de personnes. Préférence accordée pour l'exercice du *jus caduca vindicandi* au légataire conjoint *verbis tantum* sur le légataire conjoint *re tantum*. Comment s'opère la *caducorum vindicatio*. — Abrogation complète par Justinien des lois caducaires ; comment, malgré le retour aux anciens principes du droit d'accroissement qui en résulte, en thèse générale, il subsiste cependant quelque chose, dans le droit de Justinien, des règles qui avaient été établies sous l'empire des lois caducaires.

X. Règle Catonienne. Notion de cette règle : sa formule ; ses rapports avec la règle plus générale d'après laquelle une disposition qui est nulle au moment où elle est faite, reste nulle, quoi qu'il arrive plus tard. Comment cette règle générale (et non la règle catonienne) est seule applicable aux legs dont l'efficacité est empêchée par un obstacle *absolu ;* comment la règle catonienne est faite exclusivement pour les legs dont l'efficacité est empêchée par un obstacle *relatif*. Exemples d'obstacles qui sont ainsi purement relatifs : 1° legs d'une chose qui appartient déjà au légataire; 2° legs fait à une personne en puissance de l'héritier lui-même. Comment la règle dite catonienne est un terme moyen entre les diverses opinions des jurisconsultes romains sur la validité de pareils legs. En quoi consiste ce terme moyen : nullité des legs purs, quoi qu'il arrive plus tard; validité des legs conditionnels et leur efficacité, si l'obstacle relatif disparait avant leur *dies cedens*. Comment cette validité entraine celle des legs purs dont le *dies* ne peut *cedere* avant l'adition d'hérédité. — Appréciation de la règle catonienne au point de vue de la raison : examen des motifs allégués pour ou contre elle. Comment il semble que cette règle ne fournit pas la solution la plus juste de la difficulté proposée : pourquoi peut être préférée l'opinion de ceux qui, aux cas de legs dont l'efficacité n'est empêchée que par un obstacle relatif, admettaient la validité des legs purs aussi bien que celle des legs conditionnels. Pourquoi, par suite, le principe de la règle catonienne ne doit pas être suivi en droit français.

XI. Loi Falcidie. — 1) Notions générales et historiques. Raison des restrictions qui, dans l'intérêt de l'héritier institué, ont été apportées à la liberté de faire des legs. Notion et insuffisance des restrictions apportées par les lois Furia et Voconia. — De la quarte falcidie. — 2) Qui peut retenir cette quarte. Ses extensions successives. — Du cas où il y a plusieurs institués chargés de legs, soit de la même manière, soit d'une manière différente. — 3) Dispositions soumises à la réduction. — 4) Calcul de la quarte falcidie : *a*) formation de la masse active brute; estimation de l'hérédité; *b*) formation et déduction de la masse passive; pourquoi la valeur des esclaves affranchis par le testament est comprise dans la masse à déduire; *c*) imputation que l'héritier doit faire sur sa quarte; *d*) estimation des legs. — 5) Sort des legs dépassant les trois quarts. Réduction proportionnelle, sauf volonté contraire du testateur. Réduction de plein droit. — 6) Cas où la Falcidie n'a pas lieu.

VI. — Fidéicommis.

1. Règles communes a tous les fidéiconmis tant universels que particuliers. — 1) Notions préliminaires et historiques. Première nature des fidéicommis, indiquée par leur nom même: en quel sens ils sont d'abord en dehors du droit, qui, s'il ne les sanctionne pas, n'y apporte non plus aucune restriction ; moyens indirects, mais non assurés, qu'ils offrent au disposant pour faire des dispositions contraires aux lois. — Double transformation des fidéicommis au temps d'Auguste. 1° Com-

ment ils deviennent légalement obligatoires ; en quel sens la sanction qui leur est alors donnée diffère de celle des legs ou des institutions directes ; création d'un préteur spécial dit *fidéicommissarius* ; notion de la différence entre la *persecutio* ou *cognitio extraordinem* et l'action proprement dite ; 2° restrictions auxquelles ils sont soumis : défense d'en faire au profit de quelques-unes des personnes incapables de recevoir directement (célibataires, orbi, etc....) ; comment toutefois ils purent servir à gratifier indirectement quelques autres des personnes incapables de recevoir directement (femmes, contrairement à la loi Voconia ; latins juniens). — 2) Formes des fidéicommis, ou plutôt absence de toutes formes. — 3) Par qui ils peuvent être faits ; comment ils peuvent être faits même *ab intestato*. — 4) A la charge de qui ils peuvent être mis. — 5) Au profit de qui ils peuvent être faits. — 6) Chose qui peuvent en faire l'objet. — 7) Leurs modalités : de l'espèce de fidéicommis conditionnel, appelé substitution fidéicommissaire ; du fidéicommis successif, et du fidéicommis de famille. — 8) Preuve des fidéicommis.

II. Règles propres aux fidéicommis universels ou hérédités fidéicommissaires. — Situation respective de l'héritier fiduciaire et de l'héritier fidéicommissaire : 1re époque, avant le Scte Trébellien : fiduciaire, seul héritier ; fidéicommissaire, *loco emptoris* ; emploi entre eux des stipulations *emptæ et venditæ hereditatis* ; 2e époque, Scte Trébellien : fidéicommissaire *loco heredis* ; actions utiles et *exceptio restitutæ hereditatis* ; cas exceptionnel de transport de propriété *solo consensu*, mais en droit prétorien seulement ; 3e époque, Scte Pégasien : extension de la quarte falcidie (dite quarte pégasienne) aux rapports du fiduciaire, considéré en principe comme seul héritier, avec le fidéicommissaire, considéré en principe comme légataire partiaire ; emploi entre eux des stipulations *partis et pro parte* ; cas où le fidéicommissaire est considéré autrement que comme légataire partiaire ; 4e époque, droit de Justinien : fusion des Sctes Trébellien et Pégasien en une nouvelle institution, dont les règles sont empruntées, partie à l'un, partie à l'autre, et dont l'ensemble est qualifié de Scte

Trébellien ; le fiduciaire et le fidéicommissaire sont considérés 'un et l'autre comme héritiers ; la quarte que le fiduciaire jeut retenir prend le nom de Trébellienne ; suppression des itipulations *partis et pro parte.*

III. RÈGLES PROPRES AUX FIDÉICOMMIS PARTICULIERS.— 1) Comment le fiduciaire peut, par exception, être chargé de restituer iutre chose que ce qu'il a reçu ; en quel sens il ne peut être chargé de restituer plus qu'il n'a reçu. — 2) Spécialement des iffranchissements fidéicommissaires ; leurs différences avec les iffranchissements directs. — 3) Résumé des différences entre es legs et les fidéicommis. — 4) Assimilation par Justinien, iu moins en principe, des legs et des fidéicommis.

VII. — Codicilles.

1) Notion et origine. 2) Leurs formes. 3) Qui peut faire un codicille ; des codicilles *testati* et *intestati.* 4) Dispositions que peuvent contenir les codicilles : *a)* confirmés par testament ; *b)* non confirmés. 5) Infirmation des codicilles. 6) Clause codicillaire ; sa différence avec la cause dite dérogatoire.

VIII. — Indignité.

1) Notion : sa différence avec l'incapacité. Comment l'indignité n'est pas une cause de défaut d'acquisition, à proprement parler ; comment elle présuppose, au contraire, que l'acquisition a eu lieu, le profit de l'acquisition étant enlevé (*aufertur*) à celui qui l'avait acquis. — 2) Généralités sur l'application de l'indignité tant aux institutions d'héritiers qu'aux legs et aux fidéicommis. Distinction entre l'indignité totale et l'indignité partielle. Qui profite de ce qui est enlevé à l'indigne : en principe, le Trésor public *(ereptorium)* ; par exception, les particuliers. — 3) Spécialités : énumération des principaux cas d'indignité.

B. — MANIÈRES AUTRES QUE LES SUCCESSIONS D'ACQUÉRIR A TITRE UNIVERSEL TANT LES DROITS RÉELS QUE LES DROITS DE CRÉANCE.

I. IN JURE CESSIO D'UNE HÉRÉDITÉ. Comment cette *in jure ressio* n'est pas toujours une véritable manière d'acquérir l'hé-

4

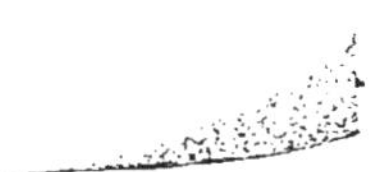

rédité ; conditions nécessaires pour qu'elle en soit une :
1° qu'elle soit faite par un héritier externe ; 2° avant l'adition.
Effets de la *cessio in jure* d'une hérédité, lorsque ces deux conditions se trouvent réunies. Effets de la *cessio*, lorsqu'il manque
l'une ou l'autre de ces conditions. — Différences essentielles
entre la *cessio in jure* d'une hérédité et la vente d'une hérédité.

II. ADROGATION. Acquisition en masse du patrimoine de l'a-
drogé au profit de l'adrogeant ; droits qui, par exception, ne
passent pas à l'adrogeant. Conséquences de l'adrogation quant
aux dettes de l'adrogé. Innovations de Justinien.

III. MANUS. Comparaison de l'acquisition en masse au profit
de celui qui acquiert la *manus* et de celle qui a lieu au profit
de l'adrogeant.

IV. ESCLAVAGE. Acquisition en masse qui peut en résulter.

V. SECTIO BONORUM. Vente en masse au profit de l'État ; acquisition *juris civilis*.

VI. VENDITIO BONORUM. Vente en masse du patrimoine d'un
débiteur ; institution prétorienne, à l'image de la *bonorum
sectio*. Sa comparaison sommaire avec la faillite du droit commercial français. Cas où elle a lieu : a) *vivorum* ; b) *mortuo-
rum*. Aperçu de la procédure de la *venditio bonorum*. Ses effets ; assimilation du *bonorum emptor* au *bonorum possessor*.
— Comment et à quelle époque la *bonorum venditio* a disparu ;
son remplacement graduel par la *bonorum distractio*.

VII. SCTE CLAUDIEN. Cas où d'après ce Scte une femme devient esclave ; cas où elle devient seulement affranchie. Suppression sous Justinien.

VIII. ADDICTIO LIBERTATUM SERVANDARUM CAUSA. But du
rescrit de Marc-Aurèle ; conditions auxquelles a lieu l'attribution en masse de l'hérédité ; effets de l'addictio ; assimilation
de l'*addictor* au *bonorum possessor*.

COURS DE SECONDE ANNÉE

—

V. — OBLIGATIONS [1]
VI. — ACTIONS

I. Introduction. — 1) Généralités sur la manière de faire valoir ses droits : voies de fait ; voies de droit ; mesures conservatoires. Rappel de la division générale du droit en droit déterminateur et droit sanctionnateur, ou droit théorique et pratique. — 2) Sens divers et nombreux du mot actions. — 3) De la procédure, sa distinction d'avec les actions ; en quel sens et dans quelles limites *actions* et *procédure* ont été ou peuvent être confondues. — 4) Rapports des actions et de la procédure avec les autres parties du droit privé. Différence entre le droit et l'action. En quel sens et dans quelles limites

(1) La matière des Obligations fait l'objet de la partie de ce programme publiée en 1871. Elle y est divisée de la manière suivante :

A. De l'obligation supposée aussi simple que possible a tous les points de vue : 1° sources des obligations : 1) conventions, contrats et pactes (donations, dot); 2) délits ; 3) *Variæ causarum figuræ*. 2° Extinction des obligations : 1) *ipso jure* ; 2) *exceptionis ope*.

B. Des diverses variétés et complications qui peuvent se produire dans les obligations : 1° d'après la loi qui les sanctionne (oblig. civiles, prétoriennes, naturelles, morales) : 2° d'après leur objet (oblig. déterminées ou indéterminées : de genre ou de corps certain : simples ou composées, alternatives, facultatives, indivisibles) ; 3° d'après leurs modalités (terme, condition, *modus*) : 4° pactes joints : 5° d'après le nombre des créanciers ou des débiteurs (obl. corréales, obl. solidaires); 6° obligations accessoires : *a*) conséquence d'une obl. principale ; intérêts, dommages-intérêts, fautes, demeure : *b*) pour assurer l'exécution (clause pénale ; arrhes, constitut ; accessoires personnels, fidéjusseurs et autres, accessoires réels , gage et hypothèque : intercession et Sete Velléien) : 7° cession des créances.

le droit et l'action ont été confondus. — 5) Comment et pourquoi la procédure civile des Romains a, pour l'étude de leur droit privé, une importance particulière. Retour sur le rôle du préteur romain, sur l'influence qu'il a exercée et sur la manière dont les progrès du droit se sont accomplis à Rome. En quel sens la procédure romaine peut être considérée comme une des causes de l'influence que le droit romain a exercée sur celui des autres peuples.

II. ORGANISATION JUDICIAIRE ET COMPÉTENCE. — 1) Du principe fondamental de l'*ordo judiciorum* ou de la distinction entre le magistrat et le juge. Diverses manières d'exprimer cette distinction : *jus, judicium (hoc sensu); jurisdictio, munus judicandi.* Importance politique de cette distinction : comment elle a, sinon tenu lieu du principe moderne de la séparation des pouvoirs exécutif et judiciaire, du moins atténué l'effet de la confusion de ces pouvoirs. Sa persistance sous les régimes de gouvernement les plus divers, royauté, république. empire. Son importance au point de vue purement juridique. Dans quels rapports se trouve la distinction des fonctions de magistrat et de celles de juge avec une autre distinction, celle du point de fait et du point de droit. Comment ces deux distinctions ne se confondent pas. Pourquoi on les confond souvent. — 2) Des magistrats ou de la *jurisdictio. a)* A qui elle appartient : 1" sous les rois, 2" pendant la république, 3° sous l'empire. *b*. Distinction de la *jurisdictio* et de l'*imperium* tant *merum* que *mixtum. c)* Divisions de la juridiction : a) contentieuse, volontaire ; b) propre, déléguée ; c) propre, prorogée, etc.... *d*, Lieux où le magistrat peut exercer sa *jurisdictio : forum, comitium,* basiliques (*hoc sensu), auditoria, conventus. e)* Temps consacré à la *jurisdictio ;* jours fastes et néfastes ; *dies comitiales; dies judiciarii. f)* Compétence des magistrats : 1° du principe de la compétence territoriale des magistrats ; 2° du principe général *actor sequitur forum rei ;* détermination de ce *forum rei :* 1) *forum civitatis ;* 2) *forum domicilii ;* 3) *forum prorogatum.* 3" Exceptions ou *fora specialia :* 1. *forum contractus ;* 2. *forum maleficii ;* 3. *forum reconventionis ;* 4. *forum rei sitæ,* etc.... — 3) Des juges ou du *munus judicandi*. *a*) Colléges permanents : 1° *decemviri litibus judicandis*; 2° tribunal des centumvirs. *b*) Juges uniques : 1° *judex* ; 2° *arbiter*. *c*) Colléges non permanents : *recuperatores*. *d*) Qui peut remplir le *munus judicandi* en général; nécessité d'être porté sur les listes ou *decuriæ judicum*; privilége d'abord des sénateurs seuls; son extension aux chevaliers, puis à d'autres citoyens. *e*) Désignation du juge de chaque affaire en particulier; double principe de l'agrément du juge par les parties et de son institution par le magistrat. — *f*) Comment les juges romains peuvent être appelés des jurés civils; comparaison sommaire entre eux et les jurés de la procédure criminelle du droit français. — 4) Disparition de l'*ordo judiciorum* ou réunion des fonctions de magistrat et de celles de juge. Des magistrats-juges dans l'organisation judiciaire postérieure à cette réunion.

III. Des divers systèmes de procédure usités a Rome. — 1) Premier système dit des *actions de la loi*. Comment les caractères généraux de ce système, et particulièrement ceux de l'action *sacramenti* dans sa plus ancienne forme, sont en harmonie avec l'ensemble du droit de l'époque patriarcale. Histoire sommaire des 5 actions de la loi : 1° *sacramenti* ; 2° *judicis postulatio* ; 3° *condictio* ; 4° *manus injectio* ; 5° *pignoris capio*. Marche de la procédure et revue des divers actes à accomplir dans le système des actions de la loi, pendant les trois périodes ou phases : 1° *jus* ; 2° *judicium* ; 3° exécution : *a*) sur la personne; *b*) sur les biens. — Comment disparut le système des actions de la loi. Modifications partielles qu'il subit avant d'être remplacé par celui des formules. De l'emploi des *sponsiones* ; de la procédure *per sponsionem*. Comment se fit la transition entre les deux systèmes généraux de procédure.

2) Second système dit de la procédure *formulaire*. Notion des formules ; parties qui composent une formule : *a*) parties principales, *demonstratio*, *intentio*, *adjudicatio*, *condemnatio* (*hoc sensu*). *b*) Parties accessoires : *exceptio*; *replicatio*; *præscriptio* : 1° dans l'intérêt du demandeur ; 2° dans celui

du défendeur. — Marche de la procédure formulaire et revue des divers actes des trois périodes : 1° *jus* ; 2° *judicium* ; 3° exécution (*bonorum venditio*). — Spécialement : *a*) de l'*interrogatio*, de la *confessio* et du serment *in jure* ; *b*) de la *litis contestatio* ; *c*) des preuves ; *d*) du serment *in judicio* et du serment *in litem* ; de la sentence du juge : de la *condemnatio* (*hoc sensu*). — Comment et à quelle époque on peut distinguer dans la procédure formulaire une quatrième phase ou période, celle du recours ou appel ; divers sens de l'*appellatio* sous la république et sous l'empire ; comment s'introduisit avec l'empire la hiérarchie entre les magistrats ; influence de cette hiérarchie sur la procédure formulaire.

3) Troisième système dit de la *procédure extraordinaire*. Pourquoi ce nom a été donné à la procédure dans laquelle les fonctions de magistrat et celles de juge se trouvent réunies. Cas où déjà, sous les autres systèmes de procédure, le magistrat connaissait lui-même de l'affaire, sans renvoyer à un juge : de la *cognitio extraordinaria* considérée comme exception à la règle de l'*ordo judiciorum*. Mesures diverses qui peuvent être comprises dans la *cognitio extraordinaria* entendue *lato sensu* : *a*) mesures conversatoires, stipulations prétoriennes ; envois en possession ; *b*) interdits ; *c*) restitutions en entier. — De la *cognitio extraordinaria* entendue *stricto sensu* : principaux cas où elle a lieu à l'époque classique. — Comment et à quelle époque la procédure *extra ordinem* devient la règle : du renvoi au juge considéré comme facultatif de la part du magistrat. Changements qui s'opèrent à l'époque de Dioclétien. — Marche de la procédure extraordinaire et revue des divers actes des trois périodes possibles de cette procédure : 1° première instance ; 2° appel ; 3° exécution (*Bonorum distractio*).

4) De quelques procédures particulières : *a*) s'il y en avait une particulière pour les procès relatifs aux limites des champs ; en quel sens le *jus ordinarium* est opposé à l'*ars mensoria* par les *Gromatici veteres* ; *b*) de la procédure par rescrit.

IV. DES PERSONNES QUI FIGURENT DANS UN PROCÈS. — 1) Des personnes qui y figurent pour elles-mêmes. Spécialement de la capacité des fils de famille : *a*) d'être défendeurs; *b*) d'être demandeurs. — 2) Des personnes qui figurent dans un procès pour autrui ou des représentants en justice : *a*) dans le système des actions de la loi; du principe de l'impossibilité de la représentation en justice; des exceptions à ce principe ; *b*) dans le système formulaire et dans la *procédure extra ordinem :* du principe de la possibilité de la représentation en justice; des deux sortes de représentants : 1° *cognitores*; 2° *procuratores ;* leurs différences; disparition des *cognitores*; introduction de la différence entre le *procurator præsentis* et le *procurator absentis*. — 3) Des personnes qui, par exception, peuvent figurer dans un procès pour elles-mêmes, mais non *pro alio*. — 4) De celles qui, par exception, ne peuvent y figurer que par un représentant. — 5° Des cautions : *a*) dans les actions de la loi; *prædes*; *vades*; *vindex*; *b*) dans la procédure formulaire et dans la procédure extraordinaire jusqu'à Justinien; *c*) sous Justinien. — 6) Des conseils des parties : *a*) *in jure*; *b*) *in judicio;* différence entre les *advocati* et les *oratores* ou *patroni (hoc sensu)*. — 7) Des assesseurs : *a*) des magistrats; *b*) des juges. — 8° Des officiers, et en général de ceux qui sont, à divers titres, auxiliaires de la justice.

V. DES ACTIONS DANS LE SENS DE MOYENS D'ATTAQUE EN GÉNÉRAL. 1) Ce que comprend l'action dans le sens de moyen d'attaque en général. Du droit d'attaquer (ou de poursuivre, ou encore, d'agir en justice). Différence : 1° entre l'action ou le droit d'agir et le droit protégé ; 2° entre le droit d'agir et l'exercice de ce droit (demande).

2) Conjectures qu'il est permis de faire : 1° sur le principe du droit d'action dans le très-ancien droit en général et dans le droit des premiers temps de Rome en particulier; 2° sur la distinction des *lites* et des *jurgia* d'après la loi des Douze Tables et sur les rapports de cette distinction avec celle qui a été admise plus tard entre les actions de droit strict et les actions de bonne foi.

3) Principe fondamental du droit romain en ce qui concerne le droit d'agir : comment l'action, au lieu d'être la sanction

commune et générale de tout droit digne de protection, est une concession spéciale, tantôt faite, tantôt refusée, pour la protection des diverses espèces de droit en particulier. Comment un droit peut être reconnu, non-seulement au point de vue du droit naturel, mais encore à celui du droit positif et cependant n'avoir la sanction d'aucune action ni civile, ni même prétorienne. De la protection qui peut être accordée aux droits, autre que celle qui consiste dans un moyen d'attaque. Exemples tirés : *a*) de l'indemnité qui peut être due au possesseur de bonne foi ; *b*) de celle à laquelle peut donner lieu l'acquisition de la propriété dans divers cas plus ou moins semblables à celui de la possession de bonne foi ; *c*) des obligations naturelles et des pactes nus en général.

4) Divisions des actions :

A. *Divisions non indiquées aux Institutes mais dont l'importance est capitale.*

1ʳᵉ division des actions : *judicia* et *arbitria*. Signification primitive de cette division ; transformations successives des *judicia* et des *arbitria* ; ce qui se retrouve de cette division dans plusieurs des divisions admises plus tard.

2ᵉ division : actions *in jus* et actions *in factum*. Divers sens des mots *action in factum*. Rapports de l'action *in factum* dans chacun de ses divers sens, avec la distinction du *jus* et du *judicium*, et avec celle du point de fait et du point de droit. Du principe des actions prétoriennes *in factum* et de l'application de plus en plus large qui en fut faite ; comment par là l'équité devint le fondement d'une action dans un très-grand nombre de cas ; progrès en ce sens non-seulement du droit prétorien, mais encore du droit civil (extension de la *condictio sine causa*). Comment toutefois subsista toujours le principe d'une limitation des actions quant à leur nombre et quant à leur objet. Comment l'équité n'a jamais été par elle-même en droit romain un principe suffisant d'action, même dans le droit de Justinien. Différence qui, sous ce rapport, sépare le droit romain du droit français actuel.

3ᵉ division : actions fictices ou non. Divers sens des mots *actions fictices.*

4ᵉ division : actions *certæ* et *incertæ.* Conjectures sur l'importance de cette division, relativement aux divers systèmes de procédure et aux diverses espèces de droits.

B. *Divisions indiquées aux Instituts dans les titres consacrés aux actions* (IV, 6–18).

5ᵉ division : actions civiles et prétoriennes, ou plus généralement honoraires (*ædilitiæ*).

6ᵉ division : actions réelles et personnelles; en quel sens cette division n'est pas *summa* ou principale en droit romain; comment, dans la procédure formulaire, se distinguent matériellement l'action *in rem* et l'action *in personam;* ce qui les distingue au fond et abstraction faite de tout système de procédure; en quel sens cette division est principale et nécessaire dans toutes les législations.

7ᵉ division : actions dites *in rem scriptæ;* comment ces actions sont toutes des actions personnelles et non des actions réelles.

8ᵉ division : actions préjudicielles; divers sens du mot *præjudicium.* Spécialement des actions relatives à l'état des personnes. Des *præjudicia* relatifs aux droits réels ou de créance.

9ᵉ division : actions *rei persecutoriæ,* pénales et mixtes (*hoc sensu*).

10ᵉ division : actions mixtes (*alio sensu*) ou divisoires; comment ces actions sont personnelles et non réelles.

11ᵉ division : actions au simple, au double, au triple ou au quadruple.

12ᵉ division : actions de droit strict et de bonne foi; sens restreint de cette division; rappel et résumé : *a*) des différences qui séparent ces deux classes d'actions; *b*) des actions de l'une et de l'autre classe, précédemment étudiées dans la matière des obligations. — *c*) Opposition perpétuelle et inévitable du droit strict et de l'équité. Retour sur l'importance de la notion du droit strict et sur l'usage que les jurisconsultes romains en ont fait pour distinguer le droit d'avec la religion et la morale. — Vue d'ensemble sur l'histoire de la *condictio* et des diverses extensions qui ont été données à cette action *stricti juris*.

13e division : actions arbitraires. Rapports de cette division : 1) avec celle des *judicia* et des *arbitria* ; 2) avec celle des actions de droit strict et de bonne foi. Comment on peut dire que les actions arbitraires sont des *judicia* quant à leur *intentio* et des *arbitria* quant à leur *condemnatio*. Du *jussus judicis*; sur quoi il peut porter; s'il peut être exécuté *manu militari*. Enumération des actions arbitraires.

14e division : actions *solidi* ou *non solidi persecutoria*. Spécialement du bénéfice dit de compétence (ou mieux du strict nécessaire). — De la *minus petitio*. — De la plus pétition.

15e division : actions *adjectitiæ qualitatis* ou indirectes.

16e division : actions noxales.

17e division : actions perpétuelles et temporaires.

18e division : actions transmissibles ou non aux héritiers et contre les héritiers.

19e division : actions absolutoires ou non.

20e division : actions ordinaires et extraordinaires. Divers sens de ces expressions.

21e division : actions possessoires et actions pétitoires.

22e division : actions infamantes ou non.

23e division : actions privées et publiques.

C. *Divisions indiquées aux Instituts ailleurs que dans les titres consacrés aux actions.*

24e division : actions populaires ou non; diverses espèces d'actions populaires; rapports de cette division avec celle des actions publiques ou privées.

25e division : actions directes (*hoc sensu*) et contraires.

26e division : actions directes (*hoc sensu*) et actions utiles : rôle des actions utiles. Rapports de cette division avec celles

des actions *a*) civiles et prétoriennes, *b*) *in jus* et *in factum,*
c) fictices.

27° division : *actiones, petitiones, persecutiones.*

D. *De quelques autres divisions non indiquées aux Institutes.*

28° division : actions *quæ ad legis actionem exprimuntur*
(fictices en un sens) et *quæ sua vi ac potestate constant..*

29° division : *judicia legitima* et *quæ imperio continentur;*
sens de cette division; son importance à divers égards; en
quel sens elle concerne ce que l'on appelle la péremption de
l'instance.

30° division : actions simples et doubles; divers sens des
mots actions doubles.

31° division : *judicium duplex, triplex* ou *quadruplex,* par
rapport aux sections diverses (*hastæ*) du tribunal des centumvirs.

32° division : *judicia plura uno judice* et en général de
la connexité des instances.

33° division : actions reconventionnelles.

34° division : actions *confessoriæ* (*hoc sensu*) et *infitiatoriæ.*

35° division : actions universelles (*de universitate*) et particulières (*de singula re*).

36° division : actions *generales* et *speciales* : divers sens de
ces mots.

37° division : actions vulgaires ou non; divers sens des mots
actions vulgaires.

38° division : *actiones concurrentes vel non.*

39° division : actions subsidiaires ou non.

40° division : actions *vindictam spirantes.*

41° division : actions provocatoires ou *ad futurum.* Dans
quelles limites elles sont admises en droit romain.

42° division : actions interrogatoires; divers sens de ces
mots.

E. *De quelques actions en particulier.* -- 1° Revendication : *a*) par qui elle peut être exercée ; *b*) contre qui ; du défendeur qui *dolo desiit possidere*, et de celui qui *liti se obtulit* ; *c*) ses formes successives ; *d*) ses effets ; *e*) des fruits dans la revendication.

2° Pétition d'hérédité : *a*) par qui elle peut être exercée ; *b*) contre qui ; du *juris possessor* ; *c*) ses formes ; *d*) ses effets ; *e*) des fruits dans la pétition d'hérédité ; du Scte Jouventien ; de la règle *fructus augent hereditatem*.

3° Action confessoire de servitude personnelle ou prédiale ; sa comparaison avec la revendication.

4° Action négatoire de servitude ; comment, malgré le nom qui lui a été donné, cette action est une affirmation et non une pure négation ; du fardeau de la preuve dans cette action. — Du *sane uno casu* (du § 2 *in fine* aux J., *de actionibus*, IV, 6) : difficulté de savoir ce qu'est ce cas prétendu unique ; pourquoi aucune des explications proposées n'est satisfaisante ; raison de croire qu'on n'en trouvera jamais une qui le soit.

5° De l'action publicienne ; en quel sens on peut l'appeler : 1) revendication du droit prétorien ; 2) revendication anticipée. Si, outre la publicienne fictice *in jus*, il y a une publicienne *in factum* ; cas d'application de l'une et de l'autre. Comparaison des conditions de l'usucapion et de celles de la *præscriptio longis temporis* avec les conditions de la publicienne. Utilité de la publicienne comparée, soit à la revendication civile, soit aux interdits.

6° De l'action rescisoire ; ses rapports avec la *restitutio in integrum* ; pourquoi elle a été appelée, à tort, contre-publicienne ou publicienne rescisoire.

7° Des actions fictices que le préteur accorde à ou contre ceux qui sont considérés comme étant *loco heredum : bonorum possessores, bonorum emptores*, etc.

8° De l'action paulienne ou révocatoire des actes faits en fraude des droits des créanciers : ses conditions, et spécialement de l'*eventus damni* et de l'*animus fraudandi*. S'il y a deux actions pauliennes, l'une personnelle et l'autre réelle. Rapports de l'action paulienne avec d'autres mesures répres-

sives de la fraude : loi Ælia Sentia, interdit fraudatoire, restitution *in integrum,* etc...

9º Des actions favienne et calvisienne ou révocatoires des
actes faits en fraude des droits du patron.

VI. Moyens de défense en général et des exceptions en
particulier. 1) Du droit de défense directe et des moyens de
défense directs, en général. Leur différence essentielle avec les
moyens de défense indirects. Comment et pourquoi les moyens
de défense directs sont souvent, mais improprement appelés
des exceptions. Intérêt de la distinction de ces deux classes de
moyens de défense : rappel de l'intérêt de la distinction entre
l'extinction des droits *ipso jure* et leur extinction *exceptionis
ope.* — Comment et pourquoi le droit de défense directe n'a
pas été soumis, en droit romain, aux mêmes restrictions que le
droit d'agir.

2) Du droit d'exciper et des moyens de défense indirects,
ou des exceptions dans le sens propre du mot. *a*) Nature et
forme de l'exception. En quel sens on peut dire qu'il n'y avait
pas d'exception dans les actions de la loi ; en quel sens on doit,
au contraire, reconnaître qu'il y en avait ; distinction entre la
nature de l'exception et sa forme. Forme de l'exception dans
le système formulaire. Ressemblances et différences entre les
exceptions et les *præscriptiones pro reo.* Maintien de l'exception, sinon dans sa forme, du moins avec sa nature propre,
dans la procédure extraordinaire. — En quel sens le droit
d'exciper est moins large que le droit de défense directe, mais
plus large que celui d'agir : de l'exception de dol et des extensions qui lui ont été données.

3) Divisions des exceptions :

1ᵉ Division : des exceptions qui sont fondées sur l'équité
et de celles qui sont fondées sur un motif autre que l'équité.

2ᵉ Division : exceptions *in jus* et *in factum.*

3ᵉ Division : exceptions prétoriennes et civiles.

4ᵉ Division : exceptions *rei cohærentes* et *personæ cohærentes.*

5ᵉ Division : exceptions perpétuelles ou péremptoires et temporaires ou dilatoires. Si et dans quelle mesure on peut admettre une prescription des exceptions.

6ᵉ Division : exceptions portant sur l'*intentio* ou sur la *condemnatio*.

7ᵉ Division : exceptions directes et utiles.

8ᵉ Division : exceptions *edictales* et exceptions *decretales* ou *causa cognita*.

4) De quelques exceptions en particulier. 1º De l'exception *rei judicatæ*. De l'autorité de la chose jugée ; fondement sur lequel repose cette autorité ; conditions pour qu'elle puisse être opposée : *eadem res, eadem conditio personarum* ; *eadem causa petendi*. Ce que signifie la distinction entre la fonction dite négative, et la fonction dite positive de l'exception de la chose jugée. Comment la chose jugée peut donner lieu à autre chose qu'à l'exception *rei judicatæ : a*) à l'action *judicati* ; *b*) à une défense directe. — 2º de l'exception *rei in judicium deductæ* ; 3º exception *litis dividuæ* ; 4º exception *litis residuæ* ; 5º exceptions *cognitoriæ* et *procuratoriæ* ; 6º exception *rei litigiosæ* ; 7º exception de prescription : nécessité que la prescription de l'action soit opposée par le défendeur. Conditions requises pour que la prescription soit opposable : spécialement du point de départ du délai de la prescription.

5) Des répliques, dupliques et autres moyens de défense indirects opposés à des moyens eux-mêmes indirects.

VII. Des interdits. 1) Origine et caractères généraux des interdits. Obscurité et controverses sur leur origine ; conjectures qu'il est permis de faire : *a*) sur leur nature primitive ; *b*) sur leurs rapports avec la *cognitio extraordinaria* dans le sens large ; et *c*) sur leur passage dans la procédure ordinaire. Leurs différences avec l'action et avec la *persecutio extraordinem*, prises dans le sens étroit.

2) Divisions des interdits :

1ʳᵉ division : interdits prohibitoires, restitutoires, exhibitoires.

2ᵉ Division : Interdits possessoires et non possessoires.

3ᵉ Division : interdits simples et doubles.

4ᵉ Division : interdits *in præsens, in præteritum relata*.

5ᵉ Division : interdits perpétuels ou temporaires.

6ᵉ Division : interdits populaires ou privés.

3) Procédure des interdits.

4) De quelques interdits en particulier. — Des interdits possessoires : 1° *adipiscendæ possessionis* : 1) Interdit *quorum bonorum*; ses rapports avec la pétition d'hérédité civile et la *possessoria hereditatis petitio*; 2) Interdit *possessorium*; 3) Interdit *sectorium*; 4) Interdit salvien: ses rapports avec l'action servienne; 5) Interdit *quod legatorum*. — 2° *Retinendæ possessionis* : 1) Interdit *uti possidetis*; 2) Interdit *utrubi*. — 3° *Recuperandæ possessionis :* 1) Interdit *unde vi*; 2) Interdit *de clandestina possessione*; 3) Interdit *de precario*. — 4° *Tam adipiscendæ quam recuperandæ possessionis :* 1) Interdit *quem fundum*; 2) Interdit *quam hereditatem*. — 5° Interdits quasi-possessoires relatifs aux servitudes.

VIII. Des restitutions en entier. — 1) Nature et caractères généraux de cette voie extraordinaire de recours. Comment elle appartient à l'ancienne *cognitio extraordinaria* dans le sens large ; sa procédure ; ses rapports avec les divers moyens d'attaque ou de défense. Diversité d'effets que la *restitutio in integrum* peut produire selon les circonstances. De la lésion et de la *causæ cognitio*, dans la *restitutio in integrum* en général.

2) Des diverses causes de restitution en entier. Controverses sur l'ordre historique dans lequel elles ont été admises : 1° *metus*; 2° dol; 3° minorité ; 4° *capitis deminutio*; 5° absence; 6° erreur ; 7° *alienatio judicii mutandi causa facta*. S'il y a d'autres causes spéciales de restitution, par exemple *ex Scto Velleiano*. Sens et portée de la *clausula generalis* de restitution.

3) Spécialement de la restitution des mineurs de 25 ans. Son application : *a)* aux mineurs hors de tutelle ou pubères ;

b) aux impubères en tutelle. Retour sur les principes du droit romain concernant : 1° la capacité de l'impubère et celle du pubère mineur ; 2° la validité des actes faits, soit par les impubères et les mineurs eux-mêmes, soit par leurs tuteurs ou curateurs. Comparaison sommaire de ces principes avec ceux du droit français actuel sur la minorité.

IX. — DE LA PEINE DES PLAIDEURS TÉMÉRAIRES. — Diverses mesures prises, selon les temps, pour réprimer l'esprit de chicane soit du demandeur, soit du défendeur.

Nancy, imp. Nancéienne, rue de la Pépinière, 1, direct. GEBHART.

www.ingramcontent.com/pod-product-compliance
Ingram Content Group UK Ltd.
Pitfield, Milton Keynes, MK11 3LW, UK
UKHW021652130726
13696UKWH00004B/1560